创新要素集聚与中国制造业结构优化

蔡玉蓉 著

CHUANGXIN YAOSU JIJU

YU ZHONGGUO ZHIZAOYE JIEGOU YOUHUA

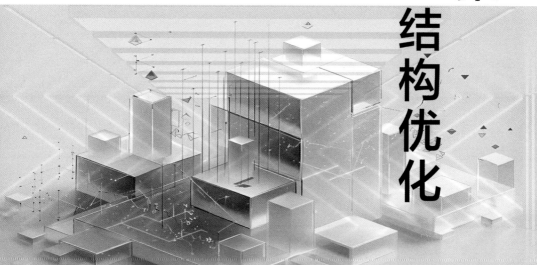

中国财经出版传媒集团

经济科学出版社

Economic Science Press

北京

图书在版编目（CIP）数据

创新要素集聚与中国制造业结构优化／蔡玉蓉著
. --北京：经济科学出版社，2024.3
ISBN 978 - 7 - 5218 - 5700 - 9

Ⅰ.①创…　Ⅱ.①蔡…　Ⅲ.①制造工业 - 产业结构升
级 - 研究 - 中国　Ⅳ.①F426.4

中国国家版本馆 CIP 数据核字（2024）第 056648 号

责任编辑：李　雪　凌　健
责任校对：刘　昕
责任印制：邱　天

创新要素集聚与中国制造业结构优化
CHUANGXIN YAOSU JIJU YU ZHONGGUO ZHIZAOYE JIEGOU YOUHUA

蔡玉蓉　著
经济科学出版社出版、发行　新华书店经销
社址：北京市海淀区阜成路甲 28 号　邮编：100142
总编部电话：010 - 88191217　发行部电话：010 - 88191522
网址：www. esp. com. cn
电子邮箱：esp@ esp. com. cn
天猫网店：经济科学出版社旗舰店
网址：http://jjkxcbs. tmall. com
固安华明印业有限公司印装
710 × 1000　16 开　13 印张　160000 字
2024 年 3 月第 1 版　2024 年 3 月第 1 次印刷
ISBN 978 - 7 - 5218 - 5700 - 9　定价：58. 00 元
（图书出现印装问题，本社负责调换。电话：010 - 88191545）
（版权所有　侵权必究　打击盗版　举报热线：010 - 88191661
QQ：2242791300　营销中心电话：010 - 88191537
电子邮箱：dbts@ esp. com. cn）

序　言

    本书由笔者兰州大学的博士论文转化而来，是在导师汪惠玲教授的悉心指导下完成的。全书以创新要素为切入点，在创新要素空间分布不均衡的现实背景下，基于地理空间集聚的视角，深层次、系统地从理论角度研究创新要素集聚对制造业结构优化的作用机理和传导路径的影响，并利用省级面板数据从全国层面和区域层面[①]进行实证检验，试图找出能解释中国如何从全局角度规划创新要素的空间分布，优化创新资源配置，加快制造业结构优化，实现其向全球价值链中高端环节攀升并向制造业强国迈进的关键因素。尽管本书的理论性较强，但所选择研究的这个题目恰有很强的现实背景。

    制造业是国民经济发展的基础产业，高度发达的制造业和先进的制造技术是国家科技发展水平和综合竞争实力的重要标志。但是长期以来，中国制造业粗放增长、动力不强、结构不合理的特征突出。在全球制造业格局深度调整的背景下，实施创新驱动战略，以创新促进制造业结构优化，提升制造业国际竞争力，成为中国经济高质量发展的必然要求。作为创新活动的基础，创新要素的空间集聚已成为影响

---

    ① 考虑数据的可获取性、通用性、完整性和统计口径的一致性等原因，全书的数据不包含西藏和港澳台地区。

1

区域经济发展和产业结构的重要力量。在深度激发创新活力的背景下，研究创新要素的空间集聚与产业结构的关系是全面思考如何通过创新要素空间分布来实现生产要素重新组合、优化制造业结构的新课题，同时也是加快创新体系建设，实现创新驱动发展的关键所在。

本书的主要内容包括：

（1）基于经济高质量发展和生态文明建设的视角，拓展制造业结构优化的内涵为发展方式转变、资源节约、产业质量和效率提高，凸显制造业向高端方向发展的特征。考虑到高技术产业发展是区域竞争力的直接体现，且高技术产业具有高附加值、高技术含量和低能耗的绿色产业特性，用高技术产业发展反映制造业产业质量和效率的提高，体现制造业高质量发展的内涵。

（2）对相关理论进行系统梳理，探究创新和产业集聚的理论渊源以及产业结构理论的演变，回顾了创新要素集聚和制造业结构优化的主要研究方向和进展。在前述基础上，寻找相应的理论依据，从理论层面详细分析创新要素集聚对制造业结构优化的内在作用机理和作用路径的影响。

（3）基于数据可获取性，使用测度指标从资本和人力两个方面度量了创新要素集聚的现状，并分析了区域视角下和产业视角下创新要素集聚的特征事实。使用泰尔系数作为制造业结构合理化水平的代理变量，用高技术产业产值在制造业总产值中的占比作为制造业结构高度化水平的代理变量，从产业结构合理化和高度化两个方面分析中国制造业结构优化的特征事实，为后续实证研究的开展奠定基础。

（4）以动态面板模型、空间计量模型和中介效应模型为研究方法，实证检验创新要素集聚影响制造业结构合理化和高度化的动态效应、空间溢出效应和传导路径。

（5）结合本书的研究结论，提出以创新要素合理集聚促进制造业结构优化的政策建议，并对未来研究可能拓展的方面进行展望。

纵观全书，研究和探索并没有止步于理论模型的构建。无论是动态面板模型还是空间计量模型，笔者都通过宏观统计数据，对其进行了实证检验和应用示范。这一尝试至少有两方面意义：一是完成了从理论分析到实证验证这一完整的研究进程，体现了本书所研究问题的完整性和系统性；二是以具体的影响路径问题检验了所提出的理论分析的可用性和可信性，读者可以从数据准备、指标选择、参数估计和模型构建等过程中，较为明晰地了解模型应用的过程和方法。

本书提出创新要素集聚对制造业结构优化的作用主要是通过促进技术进步、提升消费需求和改善就业这三条中介渠道实现的，创新要素集聚产生的技术进步效应、社会需求效应和就业效应是正向影响得以发挥的重要作用机制。创新要素集聚通过影响知识空间溢出促进技术进步，提升生产过程的技术形态效率并优化研发创新，突破了产业原有的生产技术边界，在挤出效应下加速了制造业的动态变化，进而促进产业链的自我完善；同时，创新要素集聚引致社会需求发生改变，促进居民消费需求提质升级，从需求侧和供给侧两个方面改变消费需求结构和消费形态，在需求收入弹性作用下直接影响制造业的结构优化；此外，创新要素集聚还通过提高产业劳动效率促使劳动力在产业间发生转移和流动，改善了劳动力资源的配置和就业匹配度，通过人力资本积累效应和劳动力结构调整效应促使制造业的结构不断优化。

笔者尽可能依据数据，以我国创新要素分布的实际情况以及宏观统计数据为支撑进行客观分析，本书的研究结论在中国统筹区域创新资源、制定创新发展政策、促进区域制造业结构优化、实现区域制造业竞争力提升和经济高质量发展中具有重要理论和现实意义，在实践中可进行不同程度的应用，并对制造强国的建设发挥良好的作用。所以，在一定意义上，本书可以说是一位在产业经济领域从事产业结构与产业发展方向的研究者所进行的有关制造业结构优化与高质量发展的一个代表性的样本，其中的经验是可以被区域经济发展的管理者和决策者、企业管理者以及相关人士用来参考借鉴的。但由于掌握的统计数据和资料有限，加上笔者对此问题的思考可能欠深入，书中难免会有疏漏之处，恳请专家、学者以及广大读者提出宝贵的建议，以供后期改进完善。

蔡玉蓉

2023 年 11 月

重庆电子工程职业学院

目　录

第1章 绪 论

1.1 选题背景及研究意义

1.1.1 选题背景

制造业是国民经济和社会发展的重要基础产业，是一国生产力水平的直接体现，其发展水平也标志着一国的国际竞争力。从世界经济发展史来看，工业化是世界大国及一些中等国家实现现代化不可逾越的发展阶段。在工业化进程中，制造业主导了国民经济增长，成为推动经济发展的决定性力量。全球前100的跨国公司中，80%属于制造企业，大部分工业强国都拥有高度发达的制造业。英国率先完成工业革命并凭此契机一举成为"世界工厂"，美国依靠强大的制造业体系，继英国之后成为"全球制造中心"，德国和日本依靠制造业迅速发展成制造业强国并在世界经济中强势崛起。中国凭借全球化的机遇，成为世界第二大经济体，并在全球竞争中成为"世界制造工厂"。中国特色新型工业化道路，强调了制造业在产业格局中的支撑作用，也凸显了制造业产业结构优化升级在中国工业转型发展中的重要性[1]。制造业发展水平的高低，不仅关系到广大人民的生活，而且关系到经济建设和经济社会发展，关系到国家的安全与强大。因此，制造业强大与否关乎国家和民族的强盛，它是立国之本、兴国之器、强国之基①。

改革开放 40 多年来，中国经济长期保持两位数的高速增长，取得了令人瞩目的巨大成就，并在 2011 年和 2013 年相继成为世界第二大经济体和世界第一货物贸易大国。2018 年中国国内生产总值首次突破 90 万亿元，占全球经济总量的 1/6，以对世界经济增长接近 30% 的贡献率位居世界经济增长贡献榜首位。伴随着工业化进程的加快和产业结构优化升级的持续深入，中国制造业蓬勃发展、欣欣向荣，在较短时期内凭借有限资源形成了门类齐全、较为完整的工业制造体系，成为国民经济的重要支柱，在中国现代化建设中发挥了不可替代的作用，是国家财政收入的主要来源。同时，制造业也是吸纳劳动就业人口的主要产业领域。2018 年末，全国制造业从业人员占全国从业人员总数的比重约为 27.6%②。制造业的延伸发展带动生产性服务业等相关产业的振兴，在扩大就业、提高就业吸纳能力和保持社会稳定方面起到了举足轻重的作用。目前，中国已发展成为全球最大的制造业生产国。从 2003 年起，中国制造业的粗钢、钢材、水泥、化肥、化学纤维等一批重要产品产量居世界第一，家用电器、照相机、拖拉机、太阳能热水器、集装箱、微型电机等 100 多种制造业产品产量达到规模制造能力。"中国制造"的产品种类越来越丰富，在世界范围的影响力也逐渐增大。特别是其以出口加工为主的产业特征，使中国成为全球制造业生产外包基地。2018 年

---

① 国务院. 中国制造 2025 [EB/OL]. https：//news. china. com/domestic/index. html.
② 中国统计年鉴（2019），http：//www. stats. gov. cn/sj/ndsj/2019/indexch. htm.

中国出口总值 16.42 万亿元，比 2017 年增长 7.1%[①]，中国外贸再次领跑全球。

　　大量外资的涌入虽然加快了中国参与全球分工的步伐，但中国制造业典型的对外依赖型发展模式也逐步凸显。在参与全球价值分工过程中，技术创新终将改变各国经济力量的对比。价值分工过程更多强调了技术和知识的直接引用和使用，大多数制造业企业技术创新能力不足，具有自主知识产权的核心技术和关键技术的数量则更少，缺乏技术与知识消化吸收再创新环节。而这正是中国制造业向以高附加值为特征的研发设计和营销服务等价值链高端环节攀升的必经之路。中国制造业核心技术和自主研发能力严重匮乏，最终被锁定在全球价值链的低端环节。自 2008 年国际金融危机以来，制造业再次成为各国竞相争夺的制高点。产业发展的外部环境和技术条件的变化使国际产业分工格局深度调整，世界各国不断重塑发展理念、调整经济结构以构建新的竞争优势。在此背景下，随着资源和环境约束的趋紧，中国制造业依靠生产要素低成本竞争优势的粗放发展模式难以为继。中国制造业产业整体发展水平偏低，国际竞争力不足的弊端，使产业发展空间处于发达国家高端制造业回流和发展中国家中低端制造业分流的双向挤压困境[2]：一方面，发达国家实施了"再工业化"战略和"制造业回归"战略，促进其制造业复兴，中国产业结构关系由互补为主向互补与竞争替代转变；另一方面，随着新兴经济体国家工业化进程的加快，以越南、印度尼西亚、印度为代表的发展中国家以更低廉的要素成本和资源优势，吸引了大量劳动密集型和资源密集型制造业的转移，成为中低端制造业的承接地。全球制造业格局的调整使中国制造业产业发展面临更为激烈的外部竞争环境。

[①] 中国统计年鉴（2019），http：//www.stats.gov.cn/sj/ndsj/2019/indexch.htm.

产业作为中间纽带，联系了要素分布和经济增长。一方面，产业承载了各类要素的分布及配置；另一方面，产业驱动了地区经济增长，提高了国家竞争力。经济增长与产业结构密不可分，要素的投入产出依赖于产业结构。产业结构是衡量一个国家社会经济发展阶段和产业发展水平的重要标志，它与经济增长、经济周期和资源利用效率均密切相关，各产业部门构成比例和相互联系的不同，对经济的贡献也有所差别。在全球经济结构深刻调整的背景下，产业结构优化既是经济取得主动的制胜法宝，又是促进经济活动与外部环境和谐共生的重要途径[3]。中国经济从改革之初的百废待兴发展到今天的繁荣昌盛，劳动力、资本和资源等要素驱动经济快递增长，形成了中国要素驱动和投资驱动的"黑色经济发展模式"。但经过多年的要素驱动发展，国内经济体制转轨完成，资本边际报酬率逐渐减小，要素红利和人口红利逐渐消失，相应的资源环境代价巨大，严重威胁了生态环境。近些年国内多地出现的重大环境事件表明经济增长与生态环境矛盾重重，日益增强的资源环境约束逐渐凸显了中国经济产业结构不合理、不协调的问题。工业化进程中表现出来的高污染、高能耗、高排放的特征令人担忧，经济发展亟须由要素驱动、投资驱动的"黑色发展模式"向创新驱动的"绿色发展模式"转变。在日益严峻的资源环境压力下，中国经济需要依托产业结构优化升级来改善生态环境，实现经济高质量发展。

以习近平同志为核心的党中央勇于实践、善于创新，审时度势，先后提出了"供给侧改革""创新驱动发展""生态文明建设""经济高质量发展"等一系列治国理政的新思路和新理念。"十二五"规划提出今后中国经济发展要加快产业转型升级，特别要加大传统制造业转型和升级，提升产业核心竞争力，增强科技创新能力，建设资源节约型、环境友好型社会①。"十三五"规划提出了"创新、协调、绿色、开放、共享"的发展理念，指出要以供给侧结构性改革为主线，促进经济结构优化，增强经济发展动力，实施制造强国战略，建立一大批高端制造产业，培养制造业竞争的新优势②。党中央近些年的规划表明，随着中国经济发展步入增速趋缓、动力转换的发展时期，为解决质量与效益有机融合，稳定推进经济结构优化，必须充分发挥制造业在产业格局中的支撑作用，加快制造业结构优化的步伐，推动其向全球价值链中高端迈进，并提升其在全球产业分工中的地位。

创新是民族进步的灵魂，是经济社会发展的原动力，对各国经济增长具有决定性意义。科技创新是国民经济持续增长的力量之源。制造业作为科技创新的重要载体，集中表现了现代科技进步。纵观世界各国，高度发达的制造业和先进的制造技术决定了一国能否在国际竞争中脱颖而出，这也成为一国科技发展水平和综合竞争实力的重要标志。从工业革命开始到现在 200 多年的发展历程来看，制造业的发展史实质上就是科技进步史的缩影。人类社会经历的数次科技革命，在极大地推动世界各国产业结构调整的同时，也推动制造业的快速发展。科技革命推动知识经济迅速崛起，大批新兴制造业也蓬勃发展。在经历资本与科技的共生发展再到二者的深度融合之后，世界经济已经从以资本积累为主发展到目前以科技进步为主，资本和劳动对经济增长的贡献率也逐步下降。在这一过程中，制造业几乎囊括全部科研开发成果。因此，科技创新与制造业发展相辅相成，相互促进。2012年底召开的党的十八大明确提出必须要把科技创新摆在国家发展的核

---

① 中国政府网，http://www.gov.cn/2011lh/content_1825838.htm.
② 中国政府网，http://www.gov.cn/xinwen/2016-03/17/content_5054992.htm.

心位置，用科技创新提升社会生产力和综合国力，要实施创新驱动发展战略①。由传统的依靠劳动力以及资源能源驱动的规模速度型粗放增长向以科技创新驱动的质量效益型增长转变，关注的焦点更多为科学技术进步水平提升的动力源泉。从全国总体来看，近些年中国国内研发投入呈爆发式增长态势，经济合作与发展组织（OECD）于2017年发布的报告显示，中国的 R&D 投入占 GDP 的比例逐年上升，技术总量也提升较快，但瑞士洛桑国际商学院发布的报告表明中国企业绩效、生产力和效率等排名依然处于世界中等水平[4]。这说明中国创新产出和技术进步质量有待进一步改善。"十三五"规划也提出要通过要素配置激发创新活力，推动新技术、新产业的蓬勃发展，加快实现发展动力转换。随着经济发展，要素集聚已经成为区域发展的一个明显特征，在知识经济时代，创新要素空间集聚问题越来越被关注和重视。系统研究创新要素的集聚效应对经济增长和产业发展的影响有助于我们深刻理解经济的高质量发展。在创新投入迅速增长的浪潮中，各地区纷纷利用自身比较优势，创造有利条件来吸引各类创新要素流入，以长三角经济圈、珠三角经济圈为首的东部地区聚集了大量创新要素，成为最具经济活力的增长极，促进区域经济增长。根据新经济地理学理论，生产要素的空间集聚体现了空间视角下的优化增长，其集聚效应能够对区域经济产生积极影响。创新要素作为一种重要的生产要素，其空间集聚也会产生显著的社会效应。因此，如何通过区际流动实现创新要素在地理空间的合理分布、优化创新资源配置、提高创新产出能力、有效提升技术进步水平助推经济高质量发展成为当下中国产业结构升级的新动力，也是生产率提升和经济持续健

---

① 坚定不移沿着中国特色社会主义道路前进为全面建成小康社会而奋斗——在中国共产党第十八次全国代表大会上的报告 [R]. 北京：人民出版社，2012.

康发展的重要途径。

在党中央明确提出将要素市场化配置作为改革重点，深度激发创新活力的背景下，全面思考如何通过创新要素空间分布，实现生产要素重新组合、推动要素效率提升使其不断向生产可能性边界移动、提高创新水平和科技进步水平、推动中国制造业结构升级、实现全球价值链攀升进而向制造业强国迈进，具有深远的战略意义。但是，目前从空间集聚的角度分析创新要素与产业结构升级关系方面的研究相对比较缺乏。为此，围绕创新要素空间集聚对制造业结构升级影响的研究有必要深入展开。

1.1.2　研究意义

产业结构优化升级反映了产业发展从价值链的中低端向中高端的跃迁，这是决定产业竞争力全面提升和经济高质量发展的关键。经济结构调整必须建立在制造业充分发展的基础上。党的十九大明确提出要加强科技创新，实施创新驱动的发展战略。以创新推动制造业结构优化是实现我国经济高质量发展，增强产业核心竞争力的有力保证。因此，充分认识我国创新要素空间分布状态，深入探究如何充分发挥要素配置红利，提高科技创新水平以促进产业转型升级的机制和路径，对助推经济高质量发展，在理论层面和现实层面均具有重要意义。

1. 理论层面

自熊彼特提出现代创新理论以来，关于要素配置与创新的研究广泛开展，作为创新活动基础的创新要素，其对经济增长的促进作用无论是理论研究还是现实经济都得到了广大学者的认可。新经济地理学理论表明，经济活动的空间集聚能够通过集聚的外部性影响区域经济。由此可知，创新要素的空间集聚也必然会产生集聚效应。因此，在研究中国经济和产业问题时就会涉及创新要素的集聚效应。通过对现有相关研究的梳理，国内外学者对产业结构升级影响因素、创新产出及其区域差异等方面的研究较为深入。虽然学者普遍认识到技术创新对产业结构的重要影响作用，但是综合研究创新要素配置及空间集聚问题的文献较少；将创新与产业结构优化升级相结合，纳入统一研究框架的文献相对也较少。在创新与产业结构的关系方面，已有的研究主要侧重于创新与产业结构升级之间的相关性，缺乏创新要素空间集聚对产业结构升级的影响机理、影响路径以及二者之间作用机理的系统深入研究，特别是聚焦于对某一产业的影响则更为缺乏。鉴于以往研究的不足，本书以经济活动中最基本的要素为出发点，将创新要素空间分布与制造业结构优化纳入统一分析框架，基于要素禀赋和地理空间的视角，从总量创新要素到区域创新要素配置，在理论和实证上比较系统地研究了创新要素空间集聚对制造业结构优化的影响，并从全国层面和区域层面开展了实证检验。这种多视角多维度的创新要素空间集聚研究补充了相关领域研究的不足，丰富了创新理论。同时，也为中国经济的高质量发展提供了重要的理论支持，因此，本书的研究具有一定的理论意义。

2. 现实层面

当前，在中国创新型国家建设和制造业强国建设的背景下，创新在经济活动中的地位被重新提到了不可替代的高度，新时代提出了经济发展动能转换的新要求，在供给侧结构性改革的战略引导下，中国制造业要加快推进结构优化，就必须紧密依靠创新驱动来加速发展，充分发挥科学技术的巨大支撑作用。长期以来，中国制造业处于国际产业链低端环节，以组装和加工为主的生产方式路径依赖严重，产业的自主创新能力差、技术水平低、综合竞争力弱，发展存在低端锁定的风险。此外，制造业部分行业投资过热，产能过度扩张，产能过剩加剧了产业结构不合理的矛盾。作为推动产业发展最重要的因素，创新带来的生产技术变革相应会引起产业结构变动。中国制造业要实现由大变强、高质提效的发展，必须依靠创新取得核心技术、关键技术的突破，提高自主研发能力并培育自身的科技原创力。只有这样才能在技术上不受制于人，才能加快制造业各行业间的协调发展及向以资本、技术密集型为主的发展方向转变，以新型产业、高端制造业作为新的增长点带动制造业向价值链中高端环节跃迁。创新要素的空间集聚能够优化要素配置，从整体上提升创新能力，最终推动产业和经济的发展。因此，本书以中国区域创新要素空间分布为研究背景，从集聚的视角分析不同区域创新要素的差异及其分布的不均衡，并将其与制造业结构优化结合起来，深层次、系统地研究它对制造业结构优化的影响，并在此基础上提出中国创新要素空间布局的目标和实现路径。这一研究的意义在于：第一，中国在制造业结构优化的过程中，亟须从要素空间布局出发，考虑创新要素分布与产业结构之间的关系；第二，系统研究创新要素集聚效应在推动区域制造业结构优化中发挥的作用及其作用机制有助于更深刻地认识到创新是经济发展的动力源泉，有利于中国创新体系建设及创新驱动战略的实施，为政府部门从全局角度规划创新要素的空间分布，优化创新资源配置，构建合理的区域创新格局提供参考依据；第三，为制造业粗放增长、动力不强、结构不合理问题的解决提供了新的途径与有效策略，对中国制造业各行业间的高效协调发展以及高技术产业发展具有积极的现实意义，也是中国经济发展提质增效、平衡区域发展差距的重要突破口。

1.2 基本概念界定

1.2.1 创新要素

创新是一种复杂的现象，至今对于创新的定义仍然很松散。"创新"一词在经济学和众多文献中实质上包含了约瑟夫·熊彼特（Joseph Schumpeter）在其《经济发展概论》著作中提出的生产体系中引入的"一种从未有过的关于生产要素的'新组合'"这一观点，生产过程中几乎任何一种改变都可以称为"创新"[5]。从本质上看，创新可以理解为是对创新要素的组合和使用。对于创新要素，目前学术界还没有一致的看法。部分学者将创新要素看作支持创新发生的一般生产要素，包括资本、劳动、技术等不同方面的具体实物。也有学者从创新主体、创新资源和创新环境方面把创新要素分为三部分，创新主体包括大学和企业等机构，创新资源包括人力、资金和信息等基础条件，创新环境包括软件和硬件环境以及外部的网络环境等[6]。还有学者将创新要素分为直接要素和间接要素两大类，其中直接要素包括技术、劳动和资金等与创新直接相关的方面；间接要素包括基础设施、政策环境等与创新高度相关但并不直接决定创新产出的方面[7]。更有学者从功能上把创新要素划分为主体、支持和市场三大类要素[8]。

通过梳理研究创新要素的文献可以看出，目前对创新要素的定义较多，侧重点各有不同。本书认为创新要素的界定需要联系创新要素在经济增长中发挥的作用。与生产要素类似，创新要素是创新活动的基础，创新要素的投入数量及其空间分布，不但会影响区域创新能力，而且会影响区域经济增长[9]。以往的研究表明，创新资金和创新人力投入不同是国家间发展差距产生的重要因素[10]。资本和人力创新要素不仅有助于本区域的创新能力推动技术进步，同时其跨区域流动还会引发区域间的知识传播和技术外溢。

区域经济学将生产要素视为生产活动所需的所有资源投入，创新作为一种特殊的生产活动，本书在界定创新要素时，也从这一观点出发，认为创新要素是支撑创新并产生创新成果的所有投入资源的总称，即创新要素包括决定创新产出的所有方面的投入。从创新生产的过程来看，本书将创新要素定义为包含资本、人力、技术等直接投入资源以及对创新产出具有重要影响的制度、文化、政策等外部环境要素。既有研究表明大量资本投入是创新的资金保证，也是创新的首要条件和重要标志，而一定素养的科技人员投入为创新活动的顺利开展提供了重要的人力保证，这二者的有机结合能产生新技术和新工艺，从而推动技术进步，技术要素实质上涵盖在这二者之中。因此，本书将资本创新要素和人力创新要素这两个核心内容作为重点研究对象。其中，资本创新要素指政府或企业对开展科技活动的资本性投入，科技活动主要包括基础研究、应用研究和试验发展三大类。人力创新要素指从事上述科技活动的技能型人才投入。在衡量指标选取上，用R&D经费投入总额反映创新资本投入的绝对数；用 R&D 人员数量反映人力创新要素投入的绝对数量。

1.2.2　创新要素集聚

随着新经济地理学发展，目前国内外学者对创新活动的空间分布研究较多，而关于创新要素集聚系统性的研究较少且没有形成比较清晰一致的表述。创新的实质是对各种要素重新组合，最终实现价值增值。从创新价值链的视角看，区域创新要素的组合状态既可以按照创新所需的要素组合形成新产品，也可以是产品从概念到技术、生产、营销，各形成阶段不同决策权的组合，这两种组合都会影响区域创新生态[11]。创新要素在区域间的流动使其在地理空间集聚成为一种可能。区位因素、自然禀赋、人文社会环境、经济发展程度等方面的差异，特别是随着交通基础设施建设，由于地理临近或非临近的关系，使得创新要素呈现向特定空间集聚的特点。詹姆斯·西米（James Simmie）[12]的研究发现创新与空间存在相关性，原因在于研发活动必须依赖协同创新，而协同创新只能维持在特定的空间内。苏玉山（Su Yu-shan）[13]也发现地理上的空间集中或者毗邻是催生创新的温床。在创新要素集聚的定义方面，赵陆[14]认为创新要素集聚是知识技能、资本、人力资源、制度与环境等要素在地理空间的集中，这种集中推动了区域经济发展。陈菲琼和韩莹将创新要素集聚看作依附于地方产业发展和特定政策背景下的经济发展观[15]。结合学者们对创新要素集聚的理解，本书认为创新要素集聚是各种创新要素依附于经济活动而向某一区域大量汇集，通过空间集中而表现出集聚效应。创新要素集聚的含义包含了创新要素的静态累积和动态整合两个方面，静态累积主要指创新要素总量及在各创新主体间的配置；动态整合主要指创新要素在区域间的积累和优化。创新要素集聚的表现形式分别为区域创新要素集聚度的提高和区域不同创新要素集聚比例的改变。

1.2.3 制造业结构优化

根据世界各国的发展经验，一国从未停止过其内部的产业结构优化和转型升级步伐[16]。产业结构反映了一个国家的产业构成及产业间的技术经济关联情况，产业结构的协调对宏观经济发展意义重大，产业结构优化也一直是区域经济研究的重点问题。

但是长期以来，对产业结构优化的含义理解较为混乱。目前学术界提出的相关词汇有"产业结构升级""产业结构调整""产业结构优化升级"等，通过比较这些类似词汇，发现早期对产业结构优化的理解主要基于对主导产业的选择，代表性的是罗斯托和筱原三代平等。后来，多数学者将产业结构优化的内涵理解为通过产业间的调整实现不同产业的发展协调和产业总体水平的提高，认为产业结构优化的最终目的是实现结构的相对有效和效益最大化，具体包含了合理化和高级化两个方面。合理化是指产业间协调能力和聚合质量得到改善，高级化是指产业结构从低水平到高水平的动态变化过程。随着研究深入，学者们对传统的内涵不断丰富和扩展，有学者认为，伴随着要素积累，一国逐渐在资本和技术密集型产业方面具有比较优势，推动了产业结构升级[17]。苏东水将产业结构优化理解为产业结构合理化和高度化相互结合、共同作用的发展过程[18]。产业结构合理化是产业间关联程度和协调能力逐渐加强；产业结构高度化是产业由劳动密集型向资金、技术密集型产业转变，由生产初级产品向生产中间产品、最终产品占优势的产业转变。何平等[19]提出产业结构优化会带来产业向高端转移和效率改进。产业结构优化包含产业结构合理化和高级化两个方面[20]，目前大多数学者对此表示认同。因此，本书在研究制造业结构优化问题时借鉴了这一观点。

制造业生产大部分中间产品和最终产品，是连接三次产业的关键环节。按照《国民经济行业分类（2017）》国家标准，制造业涵盖了31个细分行业。制造业结构一般指的是制造业的各细分行业组成以及生产过程中行业间的技术经济联系。与产业结构演变一样，制造业结构也具有其演变规律。一般情况下，为了与经济增长、资源节约、生态环境、科技发展保持一致性，制造业结构会相应地做出调整，这一过程即为"制造业结构优化"。本书界定的制造业结构优化包含制造业结构合理化和结构高度化两个维度，并将其看作一个动态演进的过程。制造业结构合理化强调经济运行中各细分行业要向着行业间协调发展、聚合质量提升和关联深化的方向发展，行业间要保持满足其内在联系的比率，要通过知识和技术共享合作提升行业间技术水平协调[21]，主要刻画了制造业内部的协调发展状况。制造业结构高度化则突出技术含量高的特点，强调了细分行业从低技术、低附加值向高技术、高附加值转变和从劳动密集型向资本、知识密集型转变。由于高技术产业是典型的高附加值产业，高技术产业产值比重的提高能够通过技术溢出影响产业技术水平，进而提高生产效率和节约资源[22]，因此，本书认为制造业结构高度化反映了高技术产业产值比重不断提高的过程，其最终目标是实现生态环境友好型的产业技术水平提高。在制造业结构优化过程中，合理化是基础，高度化是目标。二者彼此联系，相互影响，高度化若脱离了合理化则会导致产业结构演进的倒退和产业结构的"空洞化"；而合理化若不以高度化为目标也没有存在的意义[23]。

综上所述，制造业结构优化不仅体现在其内部结构的合理化，更应表现出结构的高度化，在发展动力转换过程中，由"创新驱动"实现二者的有机结合与高度统一，以促进结构合理化为基础最终实现制造业的高度化发展。

1.3　研究思路和方法

1.3.1　研究思路及技术路线

思路统领整个研究，是研究的起点。

中国制造业大而不强，自主创新能力薄弱，高端产业和主导产业的带动作用不明显，其粗放的发展模式也带来巨大生态压力。在党中央深入实施"创新驱动发展战略"和"生态文明建设"的背景下，本书从制造业结构优化这一命题出发，旨在探究作为制造业结构优化重要影响因素之一的创新，创新要素集聚如何深度影响制造业结构优化方向。鉴于此，本书围绕创新要素集聚问题，按照以下逻辑思路层层递进地展开研究：（1）从创新要素集聚视角出发，理论推导了创新要素集聚对制造业结构优化影响的作用机理和作用路径。（2）基于创新要素集聚的特征事实，选取测度指标对创新要素集聚的现状和空间格局进行考察。以此为基础，结合中国省级面板数据实证检验创新要素集聚影响制造业结构优化的动态效应。考虑不同地区、不同创新主体创新要素分布的差异，进一步探究了异质性因素对创新要素集聚的制造业结构优化效应的影响。（3）区位因素、经济发展水平、行业发展差异等都会影响要素分布，将空间因素纳入研究范畴，对创新要素集聚影响制造业结构优化的空间溢出效应展开实证检验，并对不同创新主体、不同时间段的创新要素集聚影响制造业结构优化的空间溢出效应进行详细考察。（4）结合理论分析，地区间的创新要素非均衡集聚影响制造业结构优化，这一影响的内在机理如何？为此，本书又从实证角度进一步探求了创新要素集聚影响制造业结构优化的作用渠道。本书的研究按照图 1-1 所示技术路线展开。

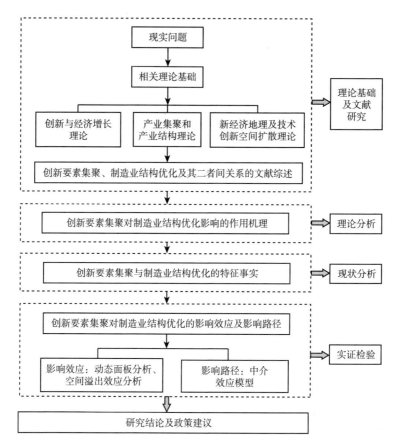

图 1-1　技术路线

资料来源：笔者绘制。

1.3.2　研究方法

本书的研究主题为创新要素集聚与中国制造业结构优化，该主题与当下中国经济发展动力转换与产业转型升级的总趋势相吻合，研究涉及范围较广。因此，书中采用文献归纳分析、理论分析和实证分析等方法综合展开，具体来说包含以下几个方面：

（1）文献归纳方法。一方面，梳理与本书相关的要素积累与要素集聚理论、创新与技术创新理论、产业经济学理论与产业结构优化理论、经济发展理论等经典理论，这些经典理论成为本书理论分析的坚实基础。另一方面，在大量查阅有关创新要素集聚、制造业结构优化、创新要素集聚与产业结构优化关系相关的国内外文献基础上，总结已有文献的优点和不足，为拓宽本书的研究视角和研究思路提供相应的参考。

（2）规范研究方法。本书归纳分析了既有文献，在此基础上界定了创新要素集聚与制造业结构优化的相关概念，并分析和判断了创新要素集聚及制造业结构优化的演进趋势、演进特点。文献梳理表明，创新要素集聚能够改变要素配置和组织形式，提高要素使用效率和创新产出水平，有力推动制造业向着结构合理、绿色高端的方向发展。在这一思路指引下，分析创新要素集聚驱动制造业结构优化的作用机理时，借助产业组织理论中的 SCP 分析范式，即创新要素集聚—技术创新行为—制造业结构优化，在梳理与本书相关的理论的基础上，从理论层面分析了创新要素集聚对制造业结构合理化和高度化两个方面的影响机理和作用路径。

（3）实证分析方法。本书收集了研究涉及的大量数据，选用相应的测度方法对创新要素集聚与制造业结构优化的状况进行度量，并对其特征事实进行了描述统计分析。在此基础上，根据内生经济增长理论，建立创新要素集聚影响制造业结构优化的动态面板模型，借助最小二乘估计、系统 GMM 估计、固定效应估计、随机效应估计等估计方法和计量分析工具进行了实证分析，以检验理论分析成果。

（4）空间计量方法。根据地理学第一定律，任何事物之间均有相关性，且相关性受距离影响。考虑到各研究区域彼此之间存在经济联系并由此产生空间相关性，本书在加入空间因素后，借助 Moran's I 指数，通过构建空间计量模型进一步分析创新要素集聚影响制造业结构优化的空间溢出效应。

1.4 研究内容

各国经济发展表明，制造业的发展体现了一国的竞争力。制造业要实现高端发展，需要对其进行结构优化，而创新对结构优化有重要促进作用。本书的研究内容是创新要素集聚对制造业结构优化的影响，从创新要素集聚的现实背景出发，最终落脚于在产业结构调整的需要下如何促进创新要素空间集聚。总体来看，本书的内容主要可以分为理论分析、实证分析、结论与政策建议三大部分。理论分析部分主要包括国内外文献和相关理论梳理、影响机理和影响路径演绎与阐释。实证研究部分，在总体考察中国制造业发展和创新要素分布现状的基础上，深入探究了创新要素集聚对制造业结构优化的影响效应和作用路径。结论和政策建议部分，概括和归纳了有利于中国制造业结构优化和创新要素集聚的针对性建议和策略。

本书共分为 8 章，各章内容的具体安排顺序如下：

第 1 章，绪论。概括性地论述了本书提出的现实背景，在此基础上深入阐述了理论方面和现实方面的研究意义。在开展研究之前，对本书涉及的相关概念进行了界定以明晰研究范围，从总体上介绍了本书的研究结构、内容安排，具体思路和方法、技术路线及创新之处。

第 2 章，理论基础与文献综述。首先，针对研究内容，分析了与本书相关的经典理论，具体包括创新理论、经济增长理论、产业结构理论、产业集聚理论、新经济地理学理论、技术创新空间扩散理论。这些经典理论成为本书研究的理论支撑。其次，围绕研究主题，本书系统梳理现有文献并从以下几方面进行综述：一是与创新要素及创新要素集聚相关的研究；二是与制造业结构优化相关的研究；三是创新要素集聚与产业结构关系的研究。以往文献是本书研究的重要参考，并提供了很好的启发与借鉴，是本书进一步研究的理论基础。基于上述研究述评，形成本书的研究视角，并为下一步研究奠定坚实的基础。

第 3 章，创新要素集聚影响制造业结构优化的理论分析。分别从理论层面阐释和演绎了创新要素集聚对制造业结构合理化和高度化两个方面的内在作用机理，在此基础上，从技术进步、社会需求和就业三个方面进一步详细阐明了创新要素集聚影响制造业结构优化的传导路径。

第 4 章，创新要素集聚和制造业结构优化的测度与特征事实。对于创新要素集聚的测度，本章结合现有研究，主要从资本创新要素和人力创新要素两个方面衡量，选取 R&D 经费投入作为资本创新要素的代理变量，选取 R&D 的人员数量作为人力创新要素的代理变量，从总体上分析了创新要素在全国、不同区域和不同行业的分布以及集聚的特征事实。对于制造业结构优化的测度，本章分别从结构合理化和结构高度化两个维度选取相关指标进行测度。借鉴干春晖等[24]的做法，使用修正后的泰尔指数作为产业结构合理化的代理变量。由于高技术产业具有高技术含量和高附加值的产业特征，是制造业高端发展的方向，因此，采用高技术产业产值占制造业总产值的比重作为产业结构高度化的代理变量，并从这两个方面分析了中国制造业结构优化的静态发展和动态演变的特征事实。

第 5 章，创新要素集聚影响制造业结构优化的动态面板分析。这一章为基准计量部分，首先构建创新要素集聚影响制造业结构优化的数理模型，采用动态面板 Sys-GMM 估计方法实证检验创新要素集聚对制造业结构优化的影响。接下来，通过引入虚拟变量，分别对东部、中部和西部三大区域进行回归，考察了异质性因素下创新要素集聚的制造业结构优化效应。在此基础上，将创新主体分为企业、科研机构和高等院校三类，考察了不同创新主体的创新要素集聚对制造业结构优化的影响效应。

第 6 章，创新要素集聚影响制造业结构优化的空间溢出效应。基于新经济地理学理论和技术创新空间扩散理论，本章从空间视角出发，建立空间计量模型，采用空间计量回归估计的相关方法分析了区域间创新要素集聚与制造业产业结构优化之间存在的关联性。进一步，考虑到不同时期、不同创新主体的要素禀赋等因素的差异，创新要素集聚水平表现出明显异质性的特征，分析了不同时间段和不同创新主体的创新要素集聚影响制造业结构优化的空间溢出效应的差异。

第 7 章，创新要素集聚影响制造业结构优化的传导机制。通过构建中介效应模型，主要从技术进步效应、社会需求效应和就业效应三个方面实证检验创新要素集聚影响制造业产业结构优化的作用机理和渠道。

第 8 章，结论与政策建议。本章主要梳理和总结了全文的研究，对全书的研究结论进行概括归纳，并从政策层面提出了相应的建议，为发挥创新要素集聚效应以推动制造业结构优化提供外部动力；最后，指出本书的不足之处以及下一步可以改进完善的方向。

1.5　创新之处

创新和产业结构优化一直是经济学研究的热点，参照已有文献，结合新时代经济发展特征，就创新要素集聚对制造业结构优化的影响机制及影响路径进行了尝试性的探索研究，与现有相关文献对比，本书的创新之处归纳为以下两点：

（1）理论分析上，综合考虑到经济高质量发展和生态文明建设的要求，将制造业结构优化的内涵深化为结构合理化和结构高度化两个方面。鉴于高技术产业的高附加值、高技术含量和低能耗的绿色产业特性，使用高技术产业产值与制造业总产值之比作为制造业结构高度化的代理变量，突出了制造业向高端方向发展的特征，并进一步通过创新协同效应、知识溢出效应和要素共享效应从生产结构、产业关联、产业生命周期等视角系统分析了创新要素集聚影响制造业结构合理化和高度化的内在机理。同时，结合数理图解的方式，从技术进步、社会需求和就业结构三个方面入手，创新性地论述了创新要素集聚影响制造业结构优化的作用路径。这一分析厘清了创新要素集聚影响制造业结构优化的作用机理和传导路径，形成新的研究思路，是集聚理论、创新理论在产业结构优化方面的整合归纳和创新应用，为合理布局创新要素以发挥其对制造业结构优化的作用提供了有利的理论支持，同时也为进一步研究创新要素空间分布与产业结构优化的关系提供了理论基础。

（2）研究思路上，本书从要素空间视角入手，将要素禀赋、要素流动与制造业结构优化纳入统一分析框架，探讨在创新要素总量水平和结构差异化的条件下，创新要素的空间集聚对制造业结构优化的影响。根据作用机理和影响路径的理论分析，以制造业为研究对象，构建计量模型从动态和空间两个视角出发系统研究了创新要素集聚的产业结构优化效应。与既有研究相区别，考虑到企业、高等院校和科研机构三类不同创新主体创新要素集聚程度的异质性，进一步深入探讨了不同创新主体的创新要素集聚对制造业结构优化的差异性影响效应。同时，以中介效应模型为主要实证方法对创新要素集聚影响制造业结构优化的作用路径展开研究。这一研究既丰富了创新要素空间分布与产业结构优化关系的研究内容，也对中国制造业高质量发展相关研究做了有益补充。

第 2 章　理论基础与文献综述

2.1　理论基础

中国制造业结构的优化调整与经济发展所处的阶段密不可分，创新作为经济持续发展的根本动力，围绕创新展开的研究更是多不胜数。研究创新要素集聚对于制造业结构优化的影响主要涉及创新理论、产业集聚理论、产业结构理论、经济增长理论、新经济地理学理论与技术创新空间扩散理论等相关内容，这些经典理论的梳理和归纳总结是本书进一步理论分析和实证检验的重要基础，为后续研究的展开提供了很好的借鉴和启示。

2.1.1　熊彼特的创新理论

创新理论最早起源于经济学家熊彼特（Schumpeter，1912）[25]的研究。他在《经济发展理论》这一成名作中首次提出了创新概念，详细阐述了创新的主体、创新对经济增长的影响等。经过后续对创新理论的发展、演绎、运用和深化，在对其理论进行补充和完善的基础上形成了相应的创新理论体系。熊彼特的创新理论主要涉及以下几个方面：（1）创新是要"建立一种新的生产函数"，会带来革命性的变化。他认为创新是社会生产中"生产要素的重新组合"，是把生产要素和生产条件的新组合引入社会生产体系，也就是说，在从事生产活动的过程中，由改进生产技术、占领新市场或投入新产品等产生和形成的经济变动[25]。他明确指出创新的五种情况：采用一种新产品；采用一种新生产方法；开辟一个新市场；控制原材料的一种新供应来源；实现一种新的工业组织形式。后来人们将上述内容概括为产品创新、技术创新、市场创新、资源配置创新、组织创新。（2）创新的同时意味着毁灭，即"创造性破坏"。熊彼特认为创新对经济结构的改变是"创造性破坏"过程。在竞争性经济生活中，新组合意味着通过竞争来消灭旧组织，新产品、新技术等逐步破坏和替代旧的、效率低的技术和工艺。在完全竞争状态下，创新能力差、生产效率低的企业家会被市场剔除，另一些具有创新力的企业家会进入市场。通常创新和毁灭发生在不同经济实体之间，随着经济发展壮大，经济增长依靠创新实现，创新更多地转化为一种经济实体内部的更新。（3）创新的主体是企业家。熊彼特认为企业家的职能是引进"新组合"，实现创新。作为资本主义灵魂的企业家被定义为能够实现"新组合"的人，即企业家能够用自身的聪明才智去改进生产方法，将创新引入生产体系。他认为企业家的核心职能不是经营和管理，而是能否执行"新组合"，不断实现创新。出于对利润的追逐，企业家会试图通过资本和技术的新组合进行创新，持续在经济发展中获利。企业家要有勇于冒险、敢于创新的精神，才能适应经济不断发展，也只有具有创新能力和活力的企业才不会被市场淘汰。他在界定企业家时，将企业家活动与其他活动做了区分，突出了创新的特殊性。（4）创新是经济周期性波动的主要原因。他认为资本主义经济的周期性发展与创新活动有着直接的联系，创新活动高低潮决定了资本主义经济呈现高低起伏的发展[26]。他将资本主义发展过程分为长期波动、中期波动、短期波动三种周期，经济发展伴随着三种周期而共同存在。为了获取超额利润，企业家积极推进各种创新活动，引入新的生产工艺和生产流水线，改进管理方法，最终促进经济发展，破坏原有经济发展模式的平衡，创新活动的非均衡性和非连续性使得创新高潮和低潮交替运行，相应地形成经济发展的繁荣和衰退阶段，每一个经济周期的繁荣与波动都与这一时期的生产技术革新和产业扩张密不可分，不同的创新对经济发展产生的影响不同，由此形成的经济周期时间有所差异。

熊彼特的创新理论把"创新"变量内生化，肯定了创新对经济增长的决定作用，不仅定义了相关理论的基本内涵和分析工具，而且构建了一个跨越微观、中观和宏观的理论体系[27]。此后大批研究者积极跟进，形成了长波理论、创新经济学、演化理论、创新网络理论、系统创新等诸多经济理论。本书在对创新要素集聚与制造业结构优化的关系进行理论和实证分析时，这一理论成为研究开展的重要依据。

2.1.2　产业集聚理论

尽管集聚经济学中没有专门探讨要素集聚的理论，但是在对产业集聚相关理论的演进进行仔细梳理时发现，产业集聚过程必然伴随着要素的流动、整合和集聚。要素集聚是企业和产业集聚的前提和重要基础，它与产业集聚密不可分。因此，产业集聚理论是研究创新要素集聚的基础，本书的研究正是在此理论的支撑下进行的。

1. 马歇尔的外部经济理论

新古典经济学家马歇尔（Marshall，1890）首次提出产业集聚的概念，并将规模经济区分为外部和内部，阐释了地方性工业集聚可以使企业获取外部规模经济。马歇尔成为最早关注工业集聚现象的经济学家。他认为，正是出于获取外部规模经济的目的，企业才会在特定区域形成集聚态势[28]，特定的工业集聚区即为"产业区"。在此基础上，马歇尔（1920）进一步阐述企业集聚会使生产更有效率，主要原因在于三个方面：一是有利于形成专业化的供应商；二是便于劳动力的市场共享；三是有助于知识外溢。其中，专业化供应商的形成是指集聚会形成企业间的劳动分工，这会使企业在某一产品或工序方面具有专业化优势，能向多种用户提供产品。劳动力市场共享是集聚能够利用地理接近的优势，降低劳动力的搜寻成本和交易成本，进而避免劳动力短缺。知识外溢是指集聚方便信息和知识的流动，使企业交流和分享知识更为便捷，促进创新、创新合作和创新的扩散。

2. 韦伯的工业区位论

在马歇尔外部经济理论的基础上，德国经济学家韦伯（Weber，1909）首次提出了工业区位理论，他系统阐述了产业集聚产生的原因、评价方法和发展阶段，并对最优集聚规模[29]这一概念做了深入解释。他认为，工业区位主要受运输成本和工资的影响。区位因子影响工业部门的生产布局决定了企业生产活动的场所，能够将众多企业吸引到最优生产地点，使生产费用最小、节约费用最大。基于工业区位理论的视角，韦伯进一步阐释了产业集群的现象，将产业集聚分为初始和高级两个阶段。在集聚的初始阶段，企业通过简单扩张自身规模引起产业集中化；到了集聚的高级阶段，企业通过较为完善的组织形成产业在某一地方的集中，并吸引更多同类企业出现，使地方生产专业化。韦伯还分别从运输指向和劳动力指向两个途径分析了产业集群能够达到的最大规模，发现企业集聚到一定规模后，集聚可能会引起生产成本的增加，迫使企业进行分散移动。分散和集聚是相反方向的吸引力，分散力与集聚规模成正比，在产业集聚到一定规模后，集聚获得的收益会逐渐减少，因此，存在最优的集聚规模。

3. 胡佛的产业集聚最佳规模论

美国经济学家胡佛（Hoover，1948）率先提出运输费用结构理论，他认为不同运输方式存在不同技术特征的运输费用递减现象，运费最根本的问题是随着距离的增长运费率逐渐递减，并修正了韦伯理论中的运费与距离成比例的基本图形。在论证了不同产业的区位结构之后，胡佛又在《区域经济学导论》这一著作中提出了最佳集聚规模理论，根据他的观点，任何产业的规模经济都可以分为三个层次：（1）单个企业所决定的规模经济；（2）单个联合企业体所决定的规模经济；（3）该产业在某个区位集聚所决定的规模经济。这些经济体各自都具有最大值的规模，分别为单位、公司和集聚体最佳规模。胡佛认为产业集聚是产业空间区位结构的一种表现，产业区位结构是若干决策单元共同作用的结果[30]，集聚出现的原因在于本地化经济、规模经济和城市化经济。产业集聚存在一个最佳规模，集聚企业太少，达不到集聚产生的最佳效果；集聚企业太多，则反而会使整体效应下降。

4. 波特的竞争优势理论

竞争优势理论是对产业集聚的一种合作竞争解释。与传统的产业集聚理论不同，波特（Porter，1990）基于企业竞争优势获得的角度，率先用产业集群的概念来详细阐释了产业集聚现象，通过建立"钻石模型"来分析不同国家的产业集聚现象，并以此对不同国家的竞争优势展开深入研究。他认为竞争不是在国家或者产业之间，而在企业之间，他将视线聚焦在企业上，并从创新能力出发探讨了产业集聚现象。波特提出的国家竞争优势"钻石模型"包括四个方面：生产要素、需求状况、竞争策略、相关或支持性产业（即产业群）[31]。他强调，创新在企业竞争优势中起关键作用，产业集群通过三种形式影响竞争：一是产业集群提高了公司的生产力；二是产业集群加快创新产出，有助于生产力增长；三是产业集群为新产业的形成奠定基础，扩大了集群的规模。

2.1.3　新经济地理学理论

新经济地理学将被主流经济学忽视的空间因素纳入分析框架，研究现实中生产活动的空间集中机制，并以此分析经济增长规律。美国经济学家克鲁格曼（Krugman，1991）发表的《收益递增和经济地理》开创了空间经济学新的研究方向，其著作《地理与贸易》标志着新经济地理学（New Economic Geography）的诞生[32]。藤田昌久（Masahisa Fujita）等也拓展分析了经济活动的空间集聚现象①。新经济地理学以 D‑S 垄断竞争模型、边际收益递增和路径依赖为理论基础，从全新的角度研究产业集聚与全球化等经济现象。该理论建立了一个普遍适用的规模报酬递增下的垄断竞争一般均衡分析框架，解释了在不同形式的报酬递增和不同类型的运输成本间如何权衡的问题，主要对经济活动的空间集聚和区域增长集聚的动力提出了经济学解释。

克鲁格曼在他的著作中较为系统地阐述了收益递增思想，他认为空间集聚是收益递增的外在表现，是各种产业和经济活动在空间集中后所产生的经济效应及吸引经济活动向某区域靠近的向心力。在古典

---

　　① ［日］藤田昌久，［美］保罗·R. 克鲁格曼，［英］安东尼·J. 维纳布尔斯. 空间经济：城市、区域与国际贸易 ［M］. 梁琦，主译. 北京：中国人民大学出版社，2013.

经济学的框架下，克鲁格曼利用新贸易理论和新增长理论中收益递增的核心思想，通过构建模型来描述产业集聚现象，这一模型被称作"中心—外围"模型（Core-Periphmy，CP 模型）[33]。CP 模型展示了原本外部条件相同的两个区域如何在规模报酬递增、要素流动及运输成本的相互作用下最终演变为完全不同的生产结构。该模型假定一个国家仅存在两个地区和两个部门（农业部门和制造业部门）。农业部门产品同质且其规模报酬不变，农业工人均匀分布，工资处处相同；制造业部门为垄断竞争且其生产具有规模经济和报酬递增特征，工人能够自由流动，制造业的工资存在地区差异，流动的动力来自地区间的工资差异。

在引入工人跨地区的流动机制后，克鲁格曼[33]探讨了产业集聚发生的原因；通过求解厂商和消费者最大化问题，得到均衡时两地的工人工资后，还分析了产业集聚均衡结果出现的条件。模型显示，一个区域的制造业份额越大，价格指数越低，厂商支付的工资越高，越能吸引更多的工人。因此，经济的对称结构不可持续，逐渐演化出中心—外围结构，在产业集聚均衡演化过程中，外部经济、运输成本和市场需求起着决定性作用。此外，在中心—外围模型中，存在本地市场效应、本地竞争效应和价格指数效应三种基本的经济效应。本地市场效应和价格指数效应共同构成了集聚的向心力，本地竞争效应则表现为离心力。当向心力强于离心力时，企业会向某一地区集聚；反之，则出现分散状态。经济活动空间集聚的实现，依赖于本地市场效应和价格指数效应产生的循环累积因果机制，这种循环累积的因果关系相当于一种正反馈机制，具有自我强化的特征。同时，在集聚过程中，还出现抑制集聚的力量：本地竞争效应表现为企业空间分布的集中会加剧市场竞争，企业在选择生产区位时倾向于竞争厂商较少的区域，由此带来集聚的离心力。

在中心—外围模型之后，经过鲍德温、藤田昌久、福斯里德、马丁、奥塔维斯等学者的共同努力，新经济地理形成了较为完整的理论框架[34]。新经济地理学在处理收益递增与市场结构间的关系时引入冰山运输成本，借助生物学中的演化过程，以动态演化过程来处理多均衡时如何选择的问题。正因为新经济地理学理论的支持，之前无法解释的经济活动空间集聚形成的内在机制有了令人信服的解释。

2.1.4 产业结构变动理论

产业结构理论最早可追溯至 17 世纪英国经济学家威廉·配第（William Petty，1672）在《政治算术》一书中的表述，他研究发现世界各国收入水平差异的根本原因在于产业结构不同[35]。之后法国经济学家魁奈明晰了产业的划分①，详细研究了农业产业的生产方式和同一产业内部的调整问题[36]。亚当·斯密（Adam Smith，1776）②在《国富论》中论述了产业部门和产业发展应遵循农工批零商的顺序[37]。在上述三位经济学家的产业结构理论基础上，德国的霍夫曼和美国的库兹涅茨等经济学家深入研究了经济增长过程中的产业结构调整规律，这些都对后续的产业结构调整理论产生深远影响。现代产业结构理论经过不断发展完善，形成关于产业结构调整与优化、影响因素及产业结构政策等重要理论。

1. 产业结构演进理论

（1）配第—克拉克定理。

英国经济学家克拉克（Clark，1940）在配第的研究基础上，通

---

① ［法］魁奈. 魁奈经济著作选集［M］. 吴斐丹，译. 上海：商务印书馆，1997.
② 施建生. 经济学家亚当·斯密［M］. 长春：吉林出版集团，2012.

过对多个国家三次产业间劳动投入和总产出的比较，总结出劳动力在三次产业间分布结构变化的规律：一个地区经济发展和人均收入水平提高会对劳动力分布产生影响，随着经济增长，劳动力依次从第一产业向第二、第三产业转移[38]。配第—克拉克定理揭示了劳动人口在不同产业间转移的规律，并指出劳动力的转移主要源自产业间收入水平存在相对差异。

（2）霍夫曼定理。

德国经济学家霍夫曼（Hoffman，1931）在《工业化阶段和类型》一书中提出了著名的"霍夫曼定理"。通过多个国家经济发展资料的统计分析，他发现各国最先发展的总是食品和纺织等消费品部门，随后发展的是冶金和机械等资本品部门，但后者的发展速度要快于前者，并将消费品部门与资本品部门的净产值之比定义为霍夫曼系数，指出在工业化推进的过程中，霍夫曼系数是趋于下降的。根据霍夫曼系数可以把工业化过程分为四个阶段：工业化第一阶段，霍夫曼系数在"5"上下波动，说明消费品工业占据制造业的优势地位；工业化第二阶段，霍夫曼系数在"2.5"上下波动，说明资本品工业的净产值逐渐上升，与消费品工业的净产值差距缩小；工业化第三阶段，霍夫曼系数在"1"上下波动，说明资本品工业净产值与消费品工业的净产值大体接近；工业化第四阶段，情况发生逆转，资本品工业成为制造业重心。霍夫曼定理表明在工业化进程中，工业结构逐渐从轻工业为主向以重工业为主转移。

（3）库兹涅茨相关理论。

库兹涅茨（Kuznets，1966）在克拉克研究的基础上，在著作《现代经济增长》中对不同国家的产业结构与经济发展的关系进一步做了深入研究。他对三部门进行分类，分别是农业部门（第一产业）、工业部门（第二产业）和服务业部门（第三产业），研究得出：

随着经济增长，大多数国家农业部门的产值在国民经济总产值中的比重不断下降，工业部门的产值在总产值的比重持续上升，服务业部门的产值在总产值的比重大体不变；劳动力在农业部门的比重趋于下降，在工业部门的比重略有上升，在服务业部门的比重持续上升。通过库兹涅茨的研究可以看出，工业是一国经济发展的重要支撑，而服务业的就业吸纳能力最强。劳动力从第一产业向第二、第三产业转移是经济发展的必然趋势[39]。产业发展状态概况见表2-1。

表2-1 产业发展状态概况

产业类型	国民收入的相对比重	劳动力的相对比重
第一产业	下降	下降
第二产业	上升	不确定或上升
第三产业	不确定或上升	上升

注：不确定是指很难归纳出一般趋势，从整体来看变化幅度较小或略有上升。
资料来源：笔者整理。

（4）钱纳里工业化阶段理论。

美国经济学家霍利斯·钱纳里（Hollis B. Chenery，1975，1986）根据收集的多个国家1960~1980年的统计资料构造出了经济发展的"多国模型"，并提出了"标准产业结构模式"①。他发现，在经济发展的不同阶段，产业结构的变化呈现相应的规律性，可以依据人均国内生产总值划分不同的阶段，各阶段对应的产业结构标准数值有所不同。据此，可将整个经济从不发达到成熟工业经济过程划分为三个阶段六个时期，经济由一个阶段向另一阶段的跃迁是由产业结构的变动推动的。从不发达经济阶段、工业化阶段到后工业化阶段，产业结构相应会有较大变化，主导产业也会发生更替。该理论强调主导产业沿

① ［美］H. 钱纳里，［美］S. 鲁宾逊，［美］M. 赛尔奎因. 工业化和经济增长的比较研究［M］. 吴奇，王松宝，等译. 上海：三联出版社，1989.

着农业—劳动密集型产业—资本密集型产业—第三产业为主导—技术密集型产业—知识密集型产业的顺序演进，从而实现产业结构的调整变化。"标准产业结构模式"已被越来越多国家的经济实践证实，成为国家或地区经济发展中产业结构分析的参照标准和相关产业政策制定的理论依据。

按照钱纳里（Chenery，1986）的判别标准①，中国已经进入了工业化后期阶段。随着经济发展，制造业相应地从资本密集型向技术密集型转变，发展动力也将从要素驱动向创新驱动转变。因此，当前中国制造业发展要以产业结构理论为指导，"深化结构性改革"，推动制造业向高端、智能、绿色、服务方向发展，加快制造业的结构优化并最终实现国家提出的"中国制造2025"规划。

2. 产业结构调整和优化理论

（1）雁行形态理论。

日本经济学家赤松要（Kaname Akamatsu，1932）提出②在一国产业结构演化过程中，随着比较优势的改变，后发国家的产业发展一般经历"进口—国内生产—出口"三个阶段交替的周期性变化，把这一发展轨迹用图形表示出来就形如大雁在空中展翅飞翔[40]。在第一阶段，由于后发国家尚未形成完善的经济体系，产业结构相对脆弱，对外开放使得国外产品纷纷涌入，国内市场充斥大量进口产品；在第二阶段，进口产品的涌入刺激了国内生产，同时为本国的模仿提供便利，国内资源优势和劳动力优势有助于进口产品在国内的大规模生产；在第三阶段，与进口相比，国内产品在国际贸易中更具比较优

---

① [美] H. 钱纳里，[美] S. 鲁宾逊，[美] M. 赛尔奎因. 工业化和经济增长的比较研究 [M]. 吴奇，王松宝，等译. 上海：三联出版社，1989.

② 邬义钧，胡立君. 产业经济学 [M]. 北京：中国财政经济出版社，2002.

势，国内产品大规模出口，形成了产品出口浪潮。

雁行形态理论最初用来解释"二战"后日本的产业发展模式，后来被主要用于说明国家之间由产业转移而引起的产业结构国际性变动和国际分工模式。发达国家利用技术优势，优先发展优势产业，起初该产业在国际竞争中具有绝对优势，随着商品需求增速的趋缓和其他国家技术追赶，这一产业的国际竞争力减弱并逐步向落后国家进行产业转移，发达国家据此实现产业结构升级起飞，而落后国家开始发展此产业，不同国家和地区实现产业结构的依次相继起飞。

（2）筱原的动态比较费用理论。

筱原三代平（Shinohara Miyohei，1955）在融合李嘉图的比较优势论的基础上，认为产品的比较费用是可以随着时间转化的，区域的比较优势也相应可以转化，长期来看，应当以动态、发展的观点修正比较费用论。在经济发展中，各国要素禀赋存在差异，国际贸易有助于国际分工秩序建立；随着要素禀赋发生变化，扶持需求增长快、生产率上升潜力大的产业会改变产品比较成本，经过一段时间就会获取国际贸易中竞争优势，改变一国在全球产业链的位置[18]。这一理论对"二战"后日本经济的振兴和产业结构的发展起了重要作用。动态比较费用理论强调对经济形势和贸易优势的动态比较研究，同时也强调了政府的作用。

（3）不平衡增长和主导产业选择理论。

美国经济学家赫希曼（Hirschman，1958）在《经济发展战略》一文中提出了不平衡增长理论①，其核心内容包括"引致投资最大化"原理和"关联效应"理论。他强调稀缺资源的充分利用，认为

---

① ［美］阿尔伯特·赫希曼. 经济发展战略［M］. 曹征海，译. 北京：经济科学出版社，1991.

各国的发展道路是一条"不均衡的链条"。在经济发展中，应集中向
具有带动作用的一类或几类部门投资，通过这一类或几类部门的发
展，在外部经济的影响下带动其他部门发展。他主张发展中国家应集
中有限资源，有选择地向社会成本低、外部经济好的项目投资，通过
扶持产业关联度较强的产业部门来实现经济增长。主导产业的概念是
由罗斯托（Rostow，1960）率先提出的①。他认为经济部门可以分为
主导增长、辅助增长和派生增长三个部门，各部门对经济增长的作用
不同。主导部门产业增长潜力和扩张能力较强，能够利用关联效应充
分带动其他部门的增长。经济增长正是由于主导部门的依次更迭，因
此要重视主导产业在经济发展中的扩散效应。

不平衡增长和主导产业选择理论也是本书第 3 章对创新要素集聚
影响制造业结构优化进行理论分析的基石，创新要素在产出效率高、
关联效应强和技术进步速度快的行业集聚能够促进主导产业更替，加
速制造业的结构优化进程。

2.1.5　经济增长理论

经济增长问题的研究由来已久，经济增长理论最早可追溯至亚当·
斯密在《国富论》中提出的观点，他认为劳动是财富的源泉，资本
积累和劳动分工引起的劳动生产率提高是国民财富增长的源泉。李嘉
图、马歇尔进一步研究了经济增长问题，这些研究成为古典经济学的
基础。其后，哈罗德和多马从静态均衡的假定出发，认为资本、人
口、技术是经济稳定增长的条件。古典增长理论虽然认识到了技术进

---

① ［美］W. W·罗斯托. 经济增长的阶段［M］. 郭熙保，王松茂，译. 北京：中国
社会科学出版社，2010.

步对经济增长的重要性，但其定性的描述和技术不变的假设使该理论难以让人信服。

第二次世界大战以来，西方发达国家国民收入核算体系日渐完善，凯恩斯（Keynes，1936）提出的有效需求理论为经济总量增长的研究奠定了基础[①]。基于凯恩斯的国民收入决定理论和就业理论，索洛在完善和修正哈罗德—多马模型的基础上，引入技术进步，提出了一种新的经济增长模型并实证分析了其对经济增长所起的重要作用，该模型建立的核心是新古典生产函数。随后，斯旺和米德等经济学家进一步对索洛模型补充。这些模型都强调新古典经济学的充分就业，因此把以索洛为代表的经济增长理论称为新古典经济增长理论。新古典增长理论一经创立便得到了广泛应用，其在经济增长的研究中占据主导地位。

20世纪80年代中后期，以罗默、卢卡斯为代表的经济学家重新思考新古典经济增长模型，将技术水平作为经济系统内生变量，并纠正新古典增长理论规模收益不变的假定，提出了具有规模收益递增和知识溢出效应的内生经济增长模型，构成了新经济增长理论的内容体系，推动了技术进步与经济增长关系研究的广泛开展。

1. 哈罗德—多马古典增长理论

哈罗德（Harrod，1939）在《论动态理论》中采用长期动态分析方法阐述凯恩斯的国民收入决定理论，提出了决定经济运行的三个动态因素：储蓄率、利润在国民收入占比的变动和产出量与所需资本量的比率，系统考察了国民收入在长期内保持稳定状态平衡增长的问题。在此基础上，多马（Domar，1946，1947）提出了与之类似的经济增长模型[②]。这两个模型在内容上基本相同，通常把这二者合称为

---

①② ［美］德怀特·H. 波金斯. 发展经济学 [M]. 黄卫平，彭刚，等译. 北京：中国人民大学出版社，2005.

哈罗德—多马（Harrod-Domar）经济增长模型。

　　哈罗德—多马经济增长模型的理论基础主要是基于凯恩斯的国民收入均衡理论，为分析经济实现长期均衡增长，在建模时做了一些基本假定，具体包括：（1）经济社会只生产一种产品，这种产品既可用于消费也可作为追加投资；（2）生产要素只有劳动和资本，二者相互不能替代；（3）不存在技术进步；（4）资本产出比不变。该模型推导得出：经济增长率 = 储蓄率 ÷ 资本产出比。在哈罗德—多马模型中，资本积累对经济增长尤为重要，经济保持长期稳定增长的条件是实际增长率、有保障的增长率和自然增长率三者相等。但是现实经济生活中，这种限定过于严格，一般情况下，经济很难达到充分就业的稳定增长。该模型说明要想保持充分就业实现稳定增长，必须不断增加投资，但是投资增长率与经济均衡增长率很难保持一致，因此，后来的经济学家将该模型所规定的这种极为狭窄的增长路径称作"刀锋式均衡增长"。

2. 新古典增长理论

　　为了对哈罗德—多马经济增长模型中的假设进行修正，索洛（Solow，1956）[41] 在《对经济增长理论的贡献》中提出关于经济增长因素的分析模型，他根据美国 1909～1949 年的统计数据，实证发现 40 年间资本和劳动力投入对经济增长的贡献率约为 12.5%，剩余 87.5% 依靠的是技术进步。据此指出，劳动投入、资本投入和技术进步是经济增长的源泉。同年 11 月，斯旺（Swan，1956）也提出了类似的模型，一般把它们合称为索洛—斯旺经济增长模型①。索洛—斯旺（Solow-Swan）经济增长模型的假设为：（1）储蓄完全转化为投

---

　　① ［美］德怀特·H. 波金斯. 发展经济学 [M]. 黄卫平，彭刚，等译. 北京：中国人民大学出版社，2005.

资。（2）生产函数采用新古典柯布道格拉斯函数，且满足规模报酬不变、边际收益递减、稻田条件三点。（3）资本产出比可变。该模型假定储蓄率、资本折旧率、人口增长率和技术进步率是外生变量，投资为内生变量。该模型推导得出：经济增长率 = 资本增长率 × 资本的产出弹性 + 劳动增长率 × 劳动的产出弹性。索洛—斯旺经济增长模型说明在市场调节作用下，一国可通过改变资本与劳动比实现经济稳定增长。对该模型进一步推导可得：有效人均资本增量等于实际投资与持平投资之差。从模型的结果看出，不论初始位置在哪，经济总是朝着稳态水平收敛，即长期资本积累将以经济的平衡增长路径为目标实现最终收敛。一旦实现最终收敛，经济将会走上平衡的增长路径，即从该时刻开始，经济的人均资本水平、有效人均产出水平和资本边际收益都将保持不变，只有技术进步率会影响人均产出。

索洛—斯旺（Solow-Swan）模型强调了资本积累的作用，详细阐明了经济实现稳定增长的路径和动力，主要贡献在于：指出从长期来看，技术进步是人均产出增长的唯一动力；从经济总量来看，推动经济长期稳定增长的动力在于技术进步和人口增长。新古典经济增长理论对现实经济问题解释力相当强，20 世纪以来，世界发达工业化国家的经济发展基本证实了新古典经济增长模型揭示的经济规律，但该理论无法对各国在经济增长中出现的长期差异做出有力的解释。

3. 新经济增长理论

新经济增长理论的核心思想是将增长率内生化，在寻找一国经济增长的源泉和解释各国经济增长出现差异的原因时将技术进步当作内生变量来处理，又被称作内生经济增长理论。内生经济增长理论包含的模型较多，最具代表性的模型是罗默（Rome，1986）提出的知识溢出模型、研究开发模型以及卢卡斯（Lucas，1988）提出的人力资本溢出模型①。

　　罗默（1986）发现知识具有不对立性和排他性，与劳动和资本一样，知识也是驱动经济增长的一种生产要素，他将技术进步内生化，把整个社会的公共知识和企业的专业化知识存量作为内生变量引入模型，建立了内生增长模型。知识具有的溢出和收益递增特性能够不断提高物质资本使用率，并通过影响规模收益使其增加来促进经济增长。罗默模型得出了内生的技术进步驱动长期经济增长的结论。而内生的技术进步来源于知识生产函数，初始产出水平和知识存量越高的国家，越倾向于投入技术进步的研究，更容易获得经济的快速增长。此后，他又对模型做了进一步改进，罗默（1990）在《内生技术变化》一文中建立了研究开发模型，模型在不完全竞争的框架下展开，假设投入要素包括资本、劳动、人力资本和技术水平四种，生产部门包括中间产品部门、最终产品部门和新增的研发部门三个。各部门分工不同，最终产品生产部门主要是购买原材料，生产和出售最终产品；中间产品生产部门将研发部门和最终产品生产部门衔接起来，主要通过从研发部门购买知识，组织中间产品的生产来供给最终产品部门，以保证其生产的顺利进行；研发部门主要通过生产要素的配置和现有知识存量去创造新知识，开发新的中间产品，推动中间产品的生产边界向外扩展，生产出的知识可以在产品生产部门和研发部门之间共享，既可提高最终产品生产部门的劳动生产率，也可以免费使用来提高研发部门劳动生产率以创造出更多新知识。该模型的结论是：研发人力资本决定经济增长率，技术进步决定产品的产量。

　　罗默模型的突出贡献在于将技术进步内生处理，并得出技术进步

---

　　①　朱保华. 新经济增长理论［M］. 上海：上海财经大学出版社，1999.

是推动经济增长的根源这一重要结论。这个结论在合理解释不同国家增长率差异的同时，也给本书带来了很好的启示。中国在经济高质量发展阶段，可以通过创新要素集聚形成创新合力，加大技术进步力度，推动产业结构优化升级，实现经济的长期繁荣。

卢卡斯（1988）在研究经济增长时，将人力资本变量作为一个独立的因素引入，构建了人力资本溢出模型，用于阐述人力资本在经济增长中的作用。他认为人力资本积累可以通过两种方式进行：一种是正规和非正规的学校教育；另一种是"干中学"，在生产中积累经验。人力资本溢出模型包含的假定为：人力资本边际收益递增；人力资本投资的边际产出率递减，并引入人力资本外溢效应。模型将资本区分为实物资本和人力资本，劳动力区分为一般人力资本和专业化的人力资本。根据该模型得出专业化的人力资本积累是经济可持续增长源泉的重要结论。人力资本的提升有助于提高技术进步率和生产效率，在递增收益作用下使经济增长加速。因此，人力资本水平高的国家，人力资本积累速度较快，相应的资本收益率较高，这有助于我们理解世界各国的收入差距。

2.1.6 技术创新空间扩散理论

瑞典学者赫格斯特兰德（Hägerstrand）[42] 在《作为创新过程的空间扩散》一书中率先提出了空间扩散理论，并详细分析创新空间扩散的规律和内在机制。他把技术应用看作"学习"或"交流"的结果，在这过程中，信息的"有效流动"最为重要。创新空间扩散理论主要包括扩散模式、影响因素和作用途径几个方面。

赫格斯特兰德[42] 以瑞典移民为样本，通过蒙特卡罗法模拟了与现实相似度非常高的空间扩散格局，他计算出该区域的平均信息域和技术创新扩散的概率，并对其分布做了趋势预测，证实了平均信息域在创新空间扩散中的重要作用。他假定空间不存在异质性，从空间距离的角度开展研究，总结了创新空间扩散包括的邻近效应和等级效应。邻近效应主要是指由于受空间距离的影响，技术创新从创新源向四周扩散时，先对周围地理相邻接的区域辐射，这种辐射作用会随着邻接距离而衰减。一般来说，在同一时点，距离创新源越近的地区，获取创新的概率越高。等级效应是指创新在扩散时，除了距离之外，还会受承接地区吸收能力等方面的影响，在一个城市体系中，按照城市的等级"跳跃式"扩散。

莫里尔（Morrill）[43]在"邻近效应"的基础上，提出了"创新扩散波模型"，认为创新在时间上留下的轨迹形似"S"；在空间扩散过程中，地域之间彼此关联，距离创新源近的区域会对较远的区域产生影响，创新的空间扩散类似于物理波的传播，随着时间推移，不断地从距离创新源近的地区向远处扩散。哈德森（Hudson，1969）在标准的中心地体系下构建了等级扩散模型，认为在创新扩散时，高一等级中心地的信息向级别较高但距离较远的下级中心地和级别较低但距离较近的下级中心地传递的概率相同，创新扩散是邻近效应和等级效应二者的结合，因此可以得到"S"形的扩散轨迹①。

彼得森（Petersen，1970）引入空间摩擦系数的概念，构建了"重力模型"用于描述地区间的信息交流量，将邻近扩散和等级扩散有效地结合在一起，认为空间距离的影响较大时，邻近扩散占优势；空间距离的影响较小时，等级扩散占优势②。

空间扩散理论自提出以来，在各个领域得到广泛应用。技术创新

①②　王飞. 创新的空间扩散［M］. 北京：知识产权出版社，2008.

空间扩散的研究一直是国外经济学研究的重点。除了邻近效应和等级效应之外，又提出了技术创新空间扩散的轴向效应和集聚效应。轴向效应是指创新在扩散时，通常会沿着交通轴线或信息传输轴线扩散，体现从轴线到轴间的特点。集聚效应是指技术采用者在采用同一种扩散的技术时，倾向于在空间上集中。国内关于技术创新空间扩散的研究还不是很多，特别是动力机制、影响因素等方面尚未形成系统化的成果，如何运用数学工具扩展模型和进行预测也成为研究者感兴趣的热点。

技术创新扩散不仅能够提高本区域的生产效率，而且会通过空间结构的内部联系效应、传递效应和增长效应对周边区域经济发展产生影响[44]。技术创新扩散在推动经济发展的同时，也增进了社会福利。

本书在第6章以此理论为基础，结合新经济地理学理论，通过构建相应的计量模型对创新要素集聚影响制造业结构优化的空间溢出效应进行了深入研究。

2.2　文献综述

本书主要从创新要素集聚相关研究、制造业结构优化相关研究、创新要素集聚与产业结构关系研究三个层面来梳理相关文献。在此基础上，对上述三个方面的文献进行研究述评，尽量全面地了解研究现状，以找到本书的研究切入角度。

2.2.1　关于创新要素集聚的研究

自熊彼特提出现代创新理论后，学者们广泛展开对创新相关的研究。随着集聚现象研究的深入，20世纪90年代以来，学界逐渐开始关注创新要素集聚现象。国内外学者关于创新要素集聚的研究主要围绕创新要素集聚的概念界定、集聚模式、创新要素集聚评价指标体系的构建和创新要素集聚的影响因素展开，相关文献也主要聚焦于创新要素集聚与创新绩效和创新产出的关系、创新要素集聚与经济增长和经济效率的关系方面。通过梳理文献发现，学者基于不同的角度研究了空间毗邻对创新的影响[45-46]及创新投入的空间分布及空间关联性[47]，泰普勒（Tappeiner）[48]等也发现地区研发投入存在明显的空间关联性。在界定创新要素的概念时，学者们的理解也不相同。库克（Cooke）[49]提出区域创新系统的概念，发现地理位置临近的优势使企业、研发机构和高校形成良性分工协作的组织，这一区域组织能够有效推动区域创新产出，在此基础上，他从要素流动的视角对创新要素集聚的内涵进行了阐述[50]。弗里奇（Fritsch）认为创新要素集聚并不是要素的直接堆积，而是依据地理集中形成的要素相互间的整合[51]。国内学者对创新要素集聚的概念也进行了多方面的研究。杨晨和周海林[52]提出创新要素集聚是在政府和市场的作用下，促使创新要素在企业、高校、科研院所和其他机构间形成的网络状转移、整合、吸纳、协同和反馈等活动的总和。陈菲琼和任森[53]认为创新要素集聚的内涵包括静态和动态两个方面：静态的创新要素集聚是某一时期内创新要素的存量及其在创新主体间的配比；动态的创新要素集聚是指创新要素积累、优化、整合的动态过程。常爱华[54]从创新活动和过程的角度出发，认为科技资源集聚是指各科技活动行为主体相互作用使各种创新资源不断集中、优化整合的状态和过程。池仁勇等[55]从技术要素、资金要素、人才要素和研发要素四个维度构建了创新要素集聚评价指标体系，对浙江中小企业的发展模式进行了探讨。冯南平等[56]通过构建指标体系，从人才要素、资金要素和技术要素三个方面综合评价了区域创新要素的集聚水平。

关于创新要素集聚与创新绩效、创新产出相关的研究。大量研究表明创新要素集聚对企业创新绩效和创新产出具有显著影响。哈格顿和克洛特[57]以四个高科技企业的近1200家国际公司为样本，发现大量创新要素的集中投入能够有效提升企业的创新绩效。菲尼（Feeney）[58]以拉丁美洲国家为研究对象，发现知识和资源的整合对技术创新能力的提升具有积极影响。舒姆和林（Shum & Lin）[59]构建了实证模型以识别驱动企业绩效增长的关键创业资源，支持了企业以资源为导向的创新观点。哈里亚纳（Herliana）[60]以中小企业为例，研究发现地理空间的集中和毗邻更容易产生创新。余泳泽[61]运用空间面板计量的方法，发现创新要素集聚对企业创新效率具有正向影响。方远平和谢蔓[62]发现创新要素存在空间集聚的特征，并用GWR分析创新要素对创新产出的空间影响差异。周学政[63]阐释了创新要素集聚的理论基础，认为创新要素集聚是区域发展实现动力转换的重要基础。连蕾和卢山冰[64]研究发现科技资源集聚与地区创新效率具有正相关关系。邹文杰[65]基于空间异质性视角，采用空间计量模型和门限面板模型，发现研发要素集聚对研发效率具有明显提升效应，且二者之间呈倒"U"型关系。卓乘风等[66]利用投影寻踪模型和随机前沿分析方法研究了创新要素集聚对创新绩效的非线性边际效应，也支持创新要素集聚与创新绩效存在显著倒"U"型关系的观点。陈强等[67]运用层次回归分析法实证发现科技创新人力资源集聚与科技创新能力正相关。

关于创新要素集聚与经济增长相关的研究。凯内利（Cainelli）[68]以意大利2821家制造业为样本，发现创新及集聚能够产生联合效应，共同促进企业生产力的增长。凯勒和耶普尔（Keller & Yeaple）[69]实证研究表明美国制造业企业R&D投入对生产效率提升的促进作用明显。高丽娜和蒋伏心[70]认为创新要素的空间集聚和扩散对区域经济增长具有积极影响。黄晖和金凤君[71]发现技术要素集聚对区域经济增长的差异影响重大。陈得文[72]发现科技集聚对区域经济增长具有重要影响，中心区域的扩散效应和回流效应较强。刘和东[73]研究表明国内市场规模差异产生的虹吸效应引致创新人才集聚，创新要素集聚成为区域经济增长的驱动力量。赖一飞等[74]以"中三角"省份为研究对象，利用联立方程模型发现创新要素集聚带动了地区经济的长远发展。张月玲等[75]采用随机前沿模型，发现资本集聚能够调整技术进步速度和方向，技能劳动集聚对人力资本的溢出效应有助于生产率提升。白俊红等[76]发现在空间知识溢出效应的影响下，创新要素区际流动显著影响中国经济增长。张斯琴和张璞[77]运用空间杜宾模型，实证发现创新要素集聚能够显著提升本地区及其周边地区的劳动生产率。周璇和陶长琪[78]采用空间动态面板模型，发现创新要素空间集聚对全要素生产率的增长具有阈值效应。

2.2.2 关于制造业结构优化的研究

1. 制造业结构优化或转型发展

目前，国外学者对制造业的研究范围较广，涵盖了制造业转型发展概念，制造业重组、服务化、集聚，制造业绩效和外部环境等方面[79-81]。波特[31]认为制造业升级发展就是制造业企业从低附加值生产向高附加值生产提升的过程。罗宾逊和麦独孤（Robinson & Mc-dougall）[82]以 115 个制造业企业为样本，发现行业结构指标对产业绩效的影响存在差异。迪斯尼（Disney）等[83]研究了 1980～1992 年英国制造业生产率的增长，认为企业外部重组对生产率增长具有重要贡献。卡沃（Calvo）[84]认为制造业优化升级就是企业或生产者在全球价值链中不断攀升，以增加产出附加值的过程。对制造业发展的相关研究，重点围绕制造业的绿色发展展开。如范卡瑟（Fankhauser）等[85]将专利数据与国际贸易数据相结合，发现行业绿色发展是改变国家竞争力的重要因素。吴（Woo）等[86]在韩国创新调查数据的基础上，研究发现绿色创新对制造业企业发展具有积极影响。原口（Haraguchi）等[87]研究表明制造业增加值和就业对世界经济和就业的贡献自1970年以来变化并不显著，制造业在发展中国家的经济发展中起着关键作用，绿色制造是未来的发展趋势。

国内学者对产业结构优化和产业结构升级的研究由来已久，自20世纪90年代初开始，就陆续有学者研究中国制造业产业结构的升级与变迁。目前，国内对制造业结构优化或转型发展研究的关注点主要是制造业转型发展的内涵、影响因素、路径和经验借鉴等方面。

关于制造业结构优化和转型发展内涵的研究，学者主要有两种研究视角。大部分学者从产业结构视角来阐述。蔡昉等[88]认为中国制造业存在不同的区域格局，在要素禀赋差异和经济增长率差异的影响下，中国地区发展可采用"雁阵模式"促进区域间产业转移进而实现制造业产业结构升级，保持劳动密集型产业在中国的延续。曲玥[89]以中国制造业规模以上企业为样本，通过计算制造业的全要素生产率水平发现资本密集型产业在长期竞争中更具单位劳动力成本优势，认为中国制造业今后发展的方向是从劳动密集型产业向资本密集型产业升级。齐志强等[90]采用灰色关联法分析了加入WTO前后中国制造业各部门与工业经济增长的关联度，结果显示在加入WTO之后，制造业中的轻工业占比逐渐下降，形成了重化工业和装备制造业为主导的发展趋势，且高新技术产业的贡献明显上升。王炜和孙蚌珠[91]的研究发现中国制造业结构表现为从劳动密集型向资本密集型转变。

郭新宝[92]认为中国制造业升级发展的实质是探寻提高自主创新能力的发展道路。傅元海等[93]认为制造业结构优化是制造业结构变迁的一种形式，制造业结构的合理化和高度化并非总是保持一致，也可能出现背离。只有二者的发展一致，并伴随着高附加值化，才是全面意义的结构优化。另有学者从价值链的视角来阐述，认为产业优化升级实质上是价值链升级，产业要从低技术水平、低附加值环节向高技术水平、高附加值环节转变，与结构变化相比，更应关注在价值链中的地位变化。隆国强[94]认为后起国家应该沿着全球产业链向"微笑曲线"两端提升产业，即分别向资本与技术密集环节提升和向信息与管理密集环节提升，从而整体提升一国在全球分工的地位。陈羽和邝国良[95]将产业升级理解为通过提高技术和管理能力，在国际分工中向"研发"和"品牌"两端跃迁，从而增加价值获取。朱卫平和陈林[96]以广东为例，归纳出了产业结构高度化、加工程度高度化、价值链高度化三种升级模式。潘冬青和尹忠明[97]分别从不同方面探讨了产业升级内涵，认为产业升级要满足消费和低碳发展需求，提高技术和品牌管理水平，提升全球资源配置能力。刘川[98]将价值链与创新链相结合，提出制造业结构优化就是依托生产设备改造，不断提升研发创新能力，从而实现产品创新和技术水平的大幅提升，最终改变地区制造业在全球价值链的分工和地位。张素心等[99]认为产业价值链升级就是要提升品牌和服务附加值，实现由生产制造商向供应商转型。魏龙等[100]基于 WIOD 数据，采用 KPWW 方法和多元回归分析方法，研究发现 14 个制造业按 GVCs 主导环节可分为上游、下游和混合三大类，不同类型制造业的主导环节产业转型方向和影响因素不同。任碧云和贾贺敬[101]分解重构了制造业产业升级的内涵，从规模、结构、效率和能环四个维度构建指标体系来测度制造业产业升级指数。

2. 制造业结构变迁及制造业结构优化的影响因素

制造业结构的变迁受多种因素影响，国外学者从不同方面进行了探讨。在关于产业动力以及产业演化等方面的研究中，大多数观点认为创新和技术是关键的因素[102]。比泽尔（Bitzer）等[103]以 17 个经合组织国家的工业数据为样本，研究发现外国直接投资对生产率有正向影响并会改变东道国的产业结构。约书亚（Joshua）[104]利用微观数据考察了美国制造业产业结构的变化，发现经济多元化对产业结构改变起到重要作用。麦克米兰（Mcmillan）等[105]的研究表明，产业结构变化对非洲的生产率增长起到了积极作用，需求结构和工业化技术水平是影响产业结构变化的重要因素。

国内学者对产业结构升级的影响因素进行了深入研究，主要从要素禀赋、人力资本、技术、对外贸易及政策环境等方面展开。林毅夫[106]认为要素禀赋结构升级是产业升级的前提条件。赖俊平等[107]在韩国产业结构升级经验的基础上，提出人力资本积累是产业结构向资本和技术密集型转变的重要影响因素。王春丽和宋连方[108]发现金融发展总量对产业结构升级的推动效应显著，而金融效率的促进作用不明显。杨家伟和乔家君[109]研究发现除了技术进步之外，产业政策、市场需求、外商投资及金融发展等都是产业结构演变的影响因素。高远东等[110]构建了空间计量模型，研究表明消费需求能够显著促进产业结构高级化水平的提升，而制度对高级化的影响为负向。任爱华和郭净[111]构建了 TVTP-MS-FAVAR 模型，研究发现萧条时期的紧缩型财政政策更利于产业结构优化，繁荣时期的宽松型财政政策对产业结构优化的促进作用更强。

关于制造业结构优化影响因素的相关研究，学者从不同视角展开分析，多方位探讨了对制造业结构优化具有显著影响的因素。张宗斌和郝静[112]研究发现尽管外商直接投资对中国制造业结构升级的促进作用显著，但其贡献呈下降趋势，今后中国需关注利用外资的质量。马珩和李东[113]采用多元线性回归模型，发现高素质人力资源是驱动制造业高级化的关键因素。殷德生[114]发现在对外开放作用下，中国制造业的资本要素需求显著增加，从而促进了产业升级。阳立高等[115]利用中国制造业的细分行业数据，研究发现劳动力成本上升成为制造业结构升级的重要推动力。李新功[116]分析发现随着时间变化，人民币升值对制造业产业结构升级效应逐渐由正向变为负向。韩振国等[117]从财政支出规模和结构双重视角出发，运用系统 GMM 方法研究了中国财政支出的制造业结构调整效应，发现财政支出规模对制造业结构优化具有正向促进效应。林秀梅等[118]研究发现环境规制有效驱动了制造业升级，且规制强度越大，对制造业升级的促进作用更强。李磊等[119]对劳动力技能提升影响制造业升级的作用进行了实证分析，发现劳动力技能提升促进高端制造业的劳动生产率，对制造业发展的促进作用表现为结构升级。潘秋晨[120]利用中国装备制造业的面板数据，研究发现全球价值链嵌入对中国装备制造业的转型升级效应呈正向边际递增趋势。

3. 制造业结构优化的作用机制和路径

目前对制造业结构优化的驱动机制和作用路径的研究随着研究视角的不同，得出的结论也有所差别。陈勇和李小平[121]认为技术进步是中国工业结构优化的根本途径。张松林和武鹏[122]采用内生分工模型研究了全球价值链的"空间逻辑"，认为区域的外生比较优势和专业化经济是促进制造业组装环节和品牌营销环节空间分离、实现产业升级的两个动力。傅元海等[123]采用两步稳健系统 GMM 估计方法，发现自主创新和外资技术溢出对制造业结构优化的作用机理不同。蒋兴明[124]认为产业转型升级是产业链、价值链、创新链和生产要素组合升级的有机结合，研发、品牌、标准、市场和政府是产业转型升级的有效路径。曾繁华等[125]从全球价值链治理的视角出发，采用规范分析与案例分析法相结合，研究得出技术和制度创新是驱动中国制造业由价值链低端环节向高端环节跃迁升级的持续动力。贾妮莎等[126]运用双重差分法发现对外直接投资是中国制造业产业升级的新动力。顾江和李苏南[127]认为文化产业影响制造业升级主要是通过市场需求、制作成本和产品创新几个重要中介变量发挥作用，不同区域的作用路径存在异质性。纪峰[128]从供给侧结构性改革视角出发，认为加大创新投入、改善供给结构有助于制造业发展水平提高。任一鑫等[129]以产业蜕变为切入点，研究了非均衡增长下制造业转型路径，认为中国重工业技术进步率的提高是推动制造业结构升级的一条重要路径。王燕飞[130]建立国家间投入产出模型，评价了中国产业竞争力，认为可从价值增值、价值整合和产业影响力提升三条路径入手突破中国产业升级瓶颈。

2.2.3 关于创新要素集聚与产业结构关系的研究

产业结构优化通常是与产业发展质量提升联系在一起的，在产业结构优化过程中，创新的重要作用不可替代。如何充分发挥创新的作用关乎中国经济发展动能转换和产业转型发展问题。因此，技术创新对制造业发展和产业结构的影响一直是学者研究的热点。创新要素是整个创新活动的基础和核心，其可通过技术进步效应影响产业发展[131]。通过梳理文献可以发现，技术创新对制造业发展和产业结构优化具有积极作用的观点得到多数学者的认同。

关于创新要素集聚与产业结构的研究，国外学者大多围绕技术创新与产业结构的关系方面展开，研究多以 R&D 投入或专利作为技术创新的代理变量。有关制造业的研究，学者关注的焦点是技术创新对制造业发展的影响，直接研究创新要素对制造业产业结构影响的文献并不多。相关研究从多种视角展开分析，大多都是采用建模或实证等数量方法研究。安东内利（Antonelli）[132]认为研发创新带来的技术变革打破了原有均衡状态，在生产要素价格和生产异质性的影响下，经济部门间的技术进步速度出现差异，产量也并非按比例增长，最终引起产业结构和产业发展动态。霍尔（Hall）等[133]以意大利制造业公司为研究对象，发现由于劳动力市场僵化，研发创新带来的生产率收益较小。布朗齐尼和皮塞利（Bronzini & Piselli，2009）[134]研究发现1980～2001 年意大利企业部门的 R&D 与全要素生产率存在长期均衡关系，临近地区的研发活动会对区域劳动生产率产生影响。德洛丽丝（Dolores）等[135]研究发现英国制造业企业研发投入有助于劳动生产率提升，但这一效应受多国性（国内公司 vs. 跨国公司）和外来性（国外公司 vs. 国内公司）等因素影响。韦尔戈和莫雷诺（Huergo & Moreno）等[136]以西班牙制造业公司为样本，实证发现技术投入对劳动生产率的提升存在长期积极影响。克雷斯比和苏尼卡（Crespi & Zuniga）[137]以拉丁美洲 6 个国家为研究对象，考察了技术创新对企业劳动生产率的影响，发现 R&D 增加对企业劳动生产率提升具有正向影响，有利于企业提高经济绩效。鲁苏（Russu）[138]以罗马尼亚的制造业为研究对象，发现创新、劳动力技能及能源效率等多种因素共同影响其产业部门的发展和产业结构的变化。李（Lee）[139]以韩国制造业为研究对象，分析了研发投资在生产率增长中的作用，研究发现研发投资在发达经济体的生产率增长中扮演了重要角色，研发支出应集中在更先进的行业。安德里亚（Andrea）等[140]以 2004～2013 年西班牙信息通信技术行业超过 12000 家中小型和大型企业为考察对象，实证发现规模是企业是否开展研发的决定性因素，引入研发创新的企业其生产率提高显著，在经济上也更有效率。

国内学者关于创新要素集聚与产业结构关系的研究大致可以归纳为作用机理和驱动效应两个方面，多以实证研究为主，较少有文献考察创新要素集聚对制造业结构优化的影响。龚轶等[141]通过构建产业进化模型，从技术创新的角度研究了产业进化的动力机制，发现产品创新提升了重工业比例，推动了产业结构进化。吴福象和沈浩平[142]以长三角城市群16个核心城市为研究对象，阐释了创新要素空间集聚促进产业结构升级的作用机理，实证发现以人力资本集聚具有拉动产业发展的作用。冯南平等[143]认为承接产业转移可以促进要素的吸纳、融合和布局，最终提高创新要素集聚水平。焦勇[144]实证发现劳动力和人力资本地理集聚有助于产业结构合理化和高级化进程。张银银和黄彬[145]提出了创新通过技术轨道、市场轨道和全产业链创新三条路径驱动产业结构升级。林春艳和孔凡超[146]认为技术创新对产业结构合理化有促进作用，但对产业结构高级化有抑制作用。徐珊等[147]以中国制造业上市公司为样本，研究发现大企业创新投入明显地促进了区域产业升级，创新资本投入的产业升级效应随产业高度化发展逐渐递减，而创新人员投入的效应与之相反。陶长琪和周璇[148]实证发现创新要素集聚效应下的技术创新对产业结构优化具有正向影响，其作用效应呈递增的发散特征。曹雄飞等[149]发现高科技人才集聚与产业集聚相互影响。刘峥[150]研究了知识集聚和服务中介集聚促进创新资源集聚，从而催生新兴产业的机制。蔡玉蓉和汪慧玲[151]采用分位数回归方法，发现在所有分位点上，R&D资本投入对地区产业结构升级具有正向影响且作用效果存在区域差异。李庭辉和董浩[152]通过构建LSTAR模型，实证发现以人力和财力为代表的科技要素配置对产业结构驱动效应呈非线性特征。王欣亮等[4]认为资本创新要素通过改变需求侧和供给侧对产业结构升级产生影响；人力创新要素对产业结构升级的作用机制包括集聚效应、知识溢出效应和需求转换三个方面。张营营和高煜[153]采用空间计量方法，实证发现 R&D 资本流动通过消费需求影响了制造业结构优化；R&D 人员流动通过消费需求和"倒逼"制度影响制造业结构优化。刘国炳等[154]从理论方面阐述了创新要素集聚环境变化对区域产业发展的影响，认为必须要通过高质量的要素投入，吸引创新要素集聚，重建产业成长的生态环境以推动东部地区产业转型发展。

2.2.4 文献简评

现有相关文献为本书的研究开展提供了很好的思路借鉴。文献中存在的一些问题也进一步拓宽了本书的研究空间。综合来看，可从以下几方面着手：

（1）对制造业结构优化的研究，以往文献对产业结构优化的内涵理解不明晰，研究结论存在较大争议。部分学者将"结构优化"等同于"转型升级"，混淆了二者的内涵。而将"结构优化"与"转型升级"相区分的学者，在定义"结构优化"时也存在显著差别。现有研究多倾向于从结构合理化和高度化两个方面定义产业结构优化。目前，生态文明建设是经济转型过程中需要重点关注的问题，经济绿色发展也给产业结构优化赋予了新的内涵。因此，产业结构优化还应与中国生态文明建设和经济高质量发展的时代要求相契合。

（2）现有文献有关创新要素集聚与创新绩效、经济增长关系的研究较多，而鲜有关于创新要素及其集聚对产业结构影响（特别是直接将创新要素集聚与制造业结构优化问题相联系）的研究。在仅有的关于创新要素与产业结构关系的研究中，已有文献多以创新为研究对象，在借鉴西方技术创新理论的基础上，以 R&D 投入为代理变量，探讨创新与产业结构变动的关系。在评价创新能力时，由于研究视角不同，存在测度指标选取的差异性和考察时期不统一的问题，由此产生相关研究结论并不一致的现象。作为立国之本的制造业，其结构优化问题关乎中国经济高质量发展。技术创新与制造业的联系最为紧密，而创新要素集聚可以促进专业化并提高效率，是实现区域创新能力跃迁和区域竞争力提升的重要保障，因此，经济发展新时代下理应加强创新要素集聚对制造业影响的研究。

（3）以往文献在研究创新要素集聚与产业结构关系时，一方面，相关研究都比较笼统，对创新要素概念的理解不一致且细化分解不够，仅关注创新要素集聚对产业结构的影响效应，很少有文献深入探讨创新要素集聚与产业结构优化之间的作用机制。以制造业为典型产业的研究，创新要素集聚能够促进技术集成和产业发展，因此有必要深入探究创新要素集聚对制造业结构优化的影响机制。另一方面，很少有文献考虑到创新要素集聚与产业结构优化的空间相关性。创新要素集聚在影响本地产业结构的同时也会对其他地区的产业结构产生影响。因此，有必要从空间的视角对其作用机制和溢出效应进行深入研究。

基于此，本书将从以下方面展开：（1）对中国制造业结构优化的内涵进行拓展和深化并做出全面的评价，在此基础上进一步探究区域差异和行业差异形成的原因；（2）探讨制造业结构优化的路径以及微观动力等问题；（3）从异质性、空间相关性等角度研究创新要素集聚影响制造业结构优化的机制和作用路径。

2.3　本章小结

　　本章主要内容包括了经典理论的回顾和相关研究文献的详细追溯。创新理论、产业集聚理论、经济增长理论、产业结构理论、新经济地理学理论以及技术创新空间扩散理论等相关理论的梳理,夯实了本书的理论基础,是本书研究开展的重要理论支撑。从创新要素集聚研究,制造业结构优化研究,创新要素集聚与产业结构优化研究三个方面对相关文献总结、归纳的过程中,找到了现有研究的不足之处,由此确定了本书的研究方向。

第3章　创新要素集聚影响制造业结构优化的理论分析

  制造业是国民经济的基石，是经济健康发展的重要保证。改革开放以来，凭借制造业的低成本优势，中国迅速发展成为全球第一制造大国。但是，中国制造业大而不强，产业竞争力低的特征较为突出。近年来，随着资源约束趋紧和要素价格的上涨，低成本优势逐渐消失，中国制造业面临发达国家"再工业化"战略和发展中国家低成本优势的"双重挤压"。在全球制造业分工格局变化和国际竞争加剧的新形势下，创新驱动战略的实施旨在提升制造业的产业质量和效率，优化产业结构，实现其向全球价值链中高端环节的跃迁。随着创新驱动战略的深入推进，创新要素空间集聚的态势逐渐凸显。已有研究表明，创新要素集聚有利于地区创新产出和创新效率的提升。事实上，创新要素集聚加速了知识和技能的传播与溢出，必然会影响区域经济的各个方面。那么，创新要素集聚能否促进制造业结构优化，其作用原理是什么？这一内在机制存在怎样的传导路径？本章旨在从理论上揭示创新要素集聚影响制造业结构优化的内在作用原理和影响路径。同时，为本书后续的实证分析做出理论铺垫。

  本章理论分析的逻辑结构如图 3 - 1 所示。

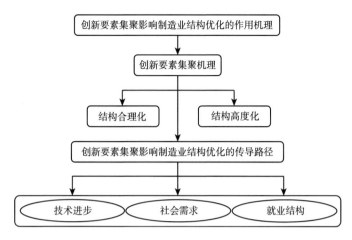

图 3 - 1　理论分析脉络

资料来源：笔者绘制。

3.1　创新要素集聚的内涵和机理

创新要素集聚是一个动态的、开放的、复杂的系统过程。这一过程兼具动态和静态两个内涵。从动态视角来看，创新要素集聚包含了创新要素在地理空间的不断整合、优化和集中的过程；从静态视角来看，创新要素集聚包括一定时期创新要素在区域或产业内的存量和配比方式的改变。本书在以往研究的基础上，将创新要素集聚的内涵进行拓展，认为创新要素在一定空间的集聚涵盖了资金、人才和政策等要素在工业企业、高等院校和科研机构等不同创新载体间通过相互合作与共同作用实现要素合理配置，最终形成创新要素静态与动态集聚的过程。创新要素集聚系统图如图 3 - 2 所示。

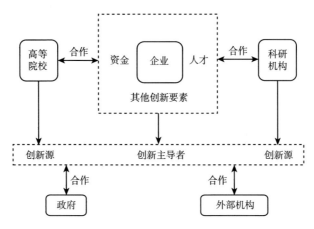

图 3 – 2　创新要素集聚系统

资料来源：笔者绘制。

由图 3 – 2 可知，区域创新要素的空间集聚涉及的主体主要是企业、高等院校、科研机构、政府及外部机构。在众多主体当中，企业是整个创新系统网络的主导者和核心，原因在于企业是要素的需求主体和经济效益实现主体，它能够将创新与市场价值的实现直接结合起来，体现创新的经济价值。尤其是高技术工业企业吸引了大批创新资源，通过生产经营活动不断提高技术创新和企业竞争力，使得区域内外部资源集中，从而获取最大的经济效益。这一过程不断循环下去，在循环累积因果效应的作用下，资金、人才等创新要素通过资金链和产业链在企业间流动和转移，实现了创新要素的最佳配置。科研机构和高等院校也是重要的创新源。科研机构和高等院校通过专业化的教育及培训为产业发展提供所需技术人才，同时也会产生新知识和新技术。围绕企业这一创新主导者，科研机构和高等院校在与企业的合作交流中，通过提供技术和专业人才促进区域创新资源的整合，有力地推动了区域创新活动的开展，为创新要素的空间集聚发挥了重要作用。企业、科研机构和高等院校等创新主体间的密切合作，有利于不同主体创新优势的发挥和创新协同效应的产生，促进了创新要素集聚态势的形成。政府作为创新活动开展的保障者，在创新要素集聚系统中发挥了不可替代的作用。一方面，政府通过政策引导促进创新要素的流动，对创新要素合理配置具有积极影响；另一方面，政府通过经济活动规则的制定和制度环境的建设来改变要素的分布状态，具有良好制度环境的区域吸引更多创新资源流入，从而形成空间集聚。外部机构在创新要素集聚系统中起到了辅助和扩散作用，金融和中介等外部机构为创新要素集聚提供了资金支持和信息管理服务，并进一步促进了创新活动的扩散。以上多个部门构成的复杂系统，各主体之间的交流与协同配合，在市场机制的作用下使得创新要素的空间集聚效应得以发挥。

3.2　创新要素集聚影响制造业结构优化的
作用机理

3.2.1　创新要素集聚对制造业结构合理化的影响机理

产业结构合理化是产业结构动态均衡和产业素质不断提高的过程，这一复杂的变化受多种因素的影响，其中创新发挥了重要的作用。创新是经济发展质量提升的第一驱动力，创新不仅能够带来技术进步，最主要是可以通过扩散效应提高各要素使用效率并影响其在不同产业的重新配置[155]，促进资源集约和环境保护，推动产业结构调整。创新要素是决定创新能力的重要因素之一，创新要素的空间分布会影响区域产业结构及布局，进而影响宏观经济发展[156]。综合来

看，创新要素集聚对制造业结构合理化的影响机理可从以下几方面
阐述。

1. 创新要素集聚改变了需求结构

首先，创新要素的地理集中有助于大量新知识和新技术的产生。
一方面，创新要素集聚推动了技术进步，降低了产品的相对价格，从
而影响商品需求量；另一方面，企业也相应扩大生产规模，提高了产
出水平，并通过产出变动来获取规模收益，需求和供给两方面的作用
使原有需求结构发生改变，影响了制造业的产业结构。其次，创新要
素集聚能够提升企业生产率并产生新的需求压力，推动需求结构升
级，新的需求又会促使企业开发新产品或对原有产品更新换代。为适
应需求结构升级，生产也会相应调整，新产品的生产创造出了一个新
的产业部门，随着创新要素的集中，在规模效应的带动下技术创新在
制造业上下游产业间的延伸，新的产业链逐步完善，带动了相关产业
发展，推动制造业产业结构的合理化调整。最后，创新要素集聚降低
生产成本，增加产生大量消费者剩余，提高了劳动者收入。收入增加
使需求结构逐步从低层次的必要生活需求向高层次的精神、健康需求
的转变，带动了制造业从高能耗、高污染的传统发展模式向低碳、环
保、节能的绿色生产方式转变，影响制造业各行业的协调程度，进而
使产业结构的合理化水平发生变化。

2. 创新要素集聚推动了生产结构变更

一是创新要素的空间集聚容易突破原有的生产技术边界，一些生
产部门或行业率先获取新工艺、新技术并在市场形成垄断，导致该产
业部门或行业的生产效率和劳动生产率大幅提高，获取了超额利润，
吸引了各类资源迅速集中，由于产业间的相互竞争和要素集聚的影
响，这些产业产量的增加速度较快，从而改变了制造业的生产结构。

二是创新要素会在产业间进行比较选择，大量创新要素进入高技术产业、新兴产业等要素回报率较高的产业，在改造传统产业和淘汰落后产业的同时，推动主导产业更替。随着创新要素集聚程度的不断提高，制造业的发展在其引导下也产生相应的变化，逐步由劳动密集型产业转变为知识和技术密集型产业，最终引起生产结构的变更。三是创新要素集聚产生了新工艺、新设备、新技术。在技术扩散效应的作用下，制造业的各行业之间会竞相模仿并催生新的创新，在价值链的传导下促进了制造业不同行业之间的相互融合，改变了制造业的生产结构，并影响制造业的结构合理化发展。

3. 创新要素集聚改变了产业生命周期

不同产业的生命周期差异较大，产业的生命周期与其核心技术周期及产品周期密切相关[157]。创新要素集聚促使科技产业要素重新配置，带来了突破性创新，改变了产业的核心技术周期，引发了新企业的进入并会产生新的产品，在降低传统产业循环周期的同时还催生出新的产业部门，这会对原有的技术落后、生产效率低下的部门产生挤出效应，并按照产业的生命周期规律逐步淘汰不适合社会需求的部门，进而对产业生命周期的形成及生命周期的长短产生重要影响，加速了制造业的产业动态变化，有助于产业链的自我完善及产业间合理比例关系的形成，推动制造业由要素驱动向创新驱动方向演进，从而影响制造业的结构合理化水平。

4. 创新要素集聚影响产业关联

创新要素集聚降低了要素获取的障碍，促进了专业化创新部门的形成，有助于开辟全新的技术领域。而大量新的产品创新和工艺创新会刺激产生新的技术创新体系，当某些产业部门的技术体系率先突破后，它的产品产量或质量迅速提升，而成本相应下降，该产业获得快速发展并处于规模报酬递增阶段。由于技术创新会产生前向关联、后向关联和产业间扩散等效应，这就促使其关联产业在生产技术方面也会产生相应的变化，从而加强了与关联产业间的技术联系并提升了与关联产业之间的技术紧密程度，带动了关联产业，对关联产业的发展具有提升效应。产业间关联程度的提高会进一步增加制造业整体的产业效应，使产业间的关系更加紧密、发展更加协调，推动制造业结构的合理化发展。

5. 创新要素集聚促使就业结构发生改变

创新要素集聚推动技术进步，提升了技术密集型产业的份额，提高了对劳动者自身素质的要求，改变了劳动需求。随着对高技能、高素质劳动者需求的增加，就业结构也相应发生改变。同时，创新要素集聚提高了产业的劳动生产率，由于不同产业的技术基础、技术条件等存在差异，各产业劳动生产率提高的幅度有所不同，产业间的收益率也不相同，收益率较高的产业吸引大批劳动者进入，从而使劳动力在行业间、产业间转移或流动。此外，创新要素集聚提升了要素配置效率，在带来技术进步的同时推动了资本劳动比的上升，加快了劳动力在产业间转移的速度，使就业结构发生变化，最终影响产业结构的合理化。

3.2.2 创新要素集聚对制造业结构高度化的影响机理

产业结构高度化是需求结构、投资结构、资源禀赋、国际贸易和投资以及经济政策等因素共同作用的结果，而由技术进步引起的技术结构变动是产业结构高度化的原动力[158]，产业间的创新差异使其技术进步速度不同，相应地改变了各产业的产出状况，对不同产业的发展产生影响，进而引起产业结构的变化。由于不同地区经济发展和外部环境的差异，各地区对要素的吸引力不尽相同，随着生产要素流动性的不断增强，各地区创新要素集聚的规模和结构受到很大影响，必然会导致区域创新能力出现差异。创新要素集聚对制造业结构高度化的影响主要从以下几方面阐述。

1. 创新要素集聚改变了产业地位，促进主导产业的转换和发展

创新要素集聚通过改变技术进步速度影响制造业产业结构。要素集聚与积累相互之间联系密切，创新要素在地理空间或行业的集中可以看作是要素积累的一种形式。发展中国家的技术进步主要是由研发创新和技术引进驱动的，而研发创新大多是高度资本密集型活动，在创新活动开展过程中，需要大量资金投入，创新要素集聚将大量研发资金汇集在一定区域或行业，形成支持创新活动开展的"资金池"，在要素积累效应和"池效应"的作用下，创新"资金池"为新工艺、设备和技术的研发提供了充分的资金保障。与此同时，创新人才集聚通过人力资本积累效应促进知识生产影响产业结构。知识作为一种特殊的生产要素，通常需要嵌入人力资本中以发挥影响，知识的积累是一个区域或行业创新能力和技术水平提升的重要基础。随着现代科技发展，内生经济增长理论提出的人力资本积累在技术进步中的重要性得到了充分体现。创新人才集聚有助于增强劳动者的知识生产和创造能力，影响了地区的人力资本，创新人力资本存量差异引起区域或行业间知识生产的数量不同，由此带来创新能力差异。产业的技术进步提升产出效率，改变产出数量和结构，在追逐利益最大化的驱使下，创新要素进一步向边际收益率更高的地区或行业集聚，激励更多创新活动的开展，导致产业的技术进步速度差异明显，促进制造业主导产业更替，进而影响产业结构高度化发展。

2. 创新要素集聚通过规模效应牵引新兴产业的发展

创新要素在同一行业或同一区域的大量集中，为规模效应发挥提供有利的环境，创新要素的高度集中使研发活动能够顺利开展。一方面，创新要素集聚尤其是创新人才集聚，使其相互间的交流、学习更加方便，不同专业、不同行业的研发人员由于距离的临近，便于在工作中展开合作以弥补自身缺陷，通过"干中学"增强学习效应促进知识共享，在充分积累经验的基础上提高了其专业技能和产出效率。在知识经济时代，创新要素集聚有助于知识传播和知识共享正外部性效应的发挥，从而加速了核心技术的研发并容易获取关键技术的突破，迅速提升企业技术水平；另一方面，创新要素在高资金投入、高风险的高端技术领域的大量聚集，有助于高端技术、工艺和设备的研发，推动了高技术产业增长并牵引新兴产业的发展[6]，影响制造业结构的高度化水平。

3. 创新要素集聚通过溢出效应和协同效应提高要素配置效率，支持高技术产业发展

创新活动具有高风险性、高成本性和不确定性，中小企业由于缺乏良好的资金支持，无力开展自主创新活动，在技术外溢的作用下，产业链上部分中小企业会以"搭便车"形式参与创新[159]，积极引进自己需要的技术，以提高企业的技术水平。伴随着创新要素的流动和集聚，技术创新逐渐在产业链的上下游关联企业间扩散，推进了地区和关联产业的协同创新，在协同创新效应的作用下，关联行业间的技术效率水平迅速提升，行业间的技术关联程度也相应提高。创新要素集聚加快了技术创新产出速度，改变了生产的工艺或技术流程，促使要素投入结构发生变化，产业技术进步差异影响了各自的劳动生产率。创新活动较为频繁的高技术产业能够吸引更多创新要素，在提高要素配置效率的同时使其发展更为充分，促进制造业结构高度化水平的提升。

4. 创新要素集聚通过共享效应提升产业竞争能力，改善对外贸易

创新要素集聚不仅增加创新要素的供给数量，也增加创新要素的多样性。创新要素在地理空间的集聚弱化了距离产生的影响，使得区域和产业间的相关企业技术交流更加便捷，提高了企业间信息交换的频率和效率，有效降低了信息和知识的传输成本和交易成本，有利于创新要素的共享，解决了由于地理空间限制造成知识尤其是隐形知识传播和转移困难的问题。在共享效应作用下，企业能够以相对较低的成本获取知识，从而降低了知识创造和技术创新的成本[77]。同时，创新要素集聚降低创新资源的匹配成本，使创新资源匹配度和匹配效率不断提高，加快产业的技术进步速度，提高产业生产率并推动产业竞争力有效提升，高技术产品的开发有助于制造业在国际贸易中获取比较优势，并改变对外贸易结构，推动制造业结构的高度化发展。

3.3　创新要素集聚影响制造业结构优化的传导路径

创新要素集聚不仅可以通过成本效应降低创新和生产成本，还有助于促进技术进步、增加社会需求和改善就业结构，伴随着这些变化，制造业产业结构也会发生相应的变化。限于篇幅，本书主要从技术进步、社会需求和就业结构的视角对创新要素集聚影响制造业结构优化的作用路径展开分析。

1. 创新要素集聚促进技术进步的机制分析

技术创新的过程实际是企业整合和利用创新资源，生产新知识、新技术的过程。技术创新开展的前提条件是一定数量的资本创新要素投入和人力创新要素投入。创新要素在地理空间的集中加速了不同创新主体之间的研发合作，有助于新知识的创造和新发明的产生，区域间创新主体的相互合作和相互交流对生产率提升具有重要影响[160]。在知识经济时代，技术创新变得越来越复杂，其难度也不断提升。企业依靠自身力量独自创新的可能性逐步降低，区域间的研发合作有效整合了创新资源，提高了知识获取能力并推动了技术进步。创新要素的区际流动形成的空间集聚能够将分散资源聚合在一起形成规模效应，提高了创新知识在研发中的应用能力，促进技术创新活动的开展，引致技术进步[70]。由于创新知识具有非竞争性和部分排他性特征，因此产生知识的外溢[161]。创新要素的地理集中促进创新知识的传播和扩散，在知识溢出效应的作用下，新知识的创造速度和传播速度不断加快，这也从另一方面加快了技术进步的步伐[162]，提高了生产效率。美国硅谷的实践表明，技术创新活动更多地依赖于知识溢出效应[163]，在集聚外部性的影响下，包括资金和人员在内的创新要素的空间集聚促进技术外部性作用的发挥，在集聚过程中生产出了大量隐形知识。作为知识载体的劳动力，在流动中促进了知识的扩散，这些知识通过研发合作转化为产品和技术升级的动力，在推动技术创新活动开展的同时提升了技术进步水平。

创新要素集聚通过产业间的关联效应推动了技术进步，在改进生产效率的同时提高了产出水平，从而促进产业结构的优化，其作用机制如图3-3所示。

假设生产函数为$y = f(x)$，x为创新要素集聚度，y_1为较低的生产可能性边界，y_2为较高的生产可能性边界。在初始时期，创新要素集聚位于较低的生产可能性边界y_1上，对应的要素集聚水平为x_1，产出水平为oa，创新要素的空间集聚加深了区域间研发合作交流，

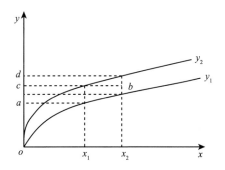

图 3 - 3　创新要素集聚的技术进步效应

资料来源：笔者绘制。

使知识传播和扩散速度加快，在溢出效应和产业关联效应的作用下，企业通过相互学习促进了技术创新的开展，进而提升了技术水平，产出水平相应地由 oa 上升到 oc；创新要素的集聚同时还会产生规模效应，规模效应有利于企业间共同合作，充分利用创新资源。受资本"逐利性"特点的影响，创新要素在市场规律作用下自由流动到收益较高的地区或行业，从而实现研发资源的最优配置，并最大限度地发挥协同创新作用、提高生产效率。产出效率的改善使产出水平移动到 b 点，对应的创新要素集聚程度进一步从 x_1 提高到 x_2，在技术进步和生产效率改善的综合作用下，最终产出水平由 oc 进一步上升到 od，即生产位于较高的生产可能性边界 y_2 上，创新要素集聚通过提升技术进步水平突破了生产可能性边界，最终实现了产出水平的提高并影响产业结构。

2. 创新要素集聚改进社会需求的机制分析

创新要素集聚提高了区域技术创新能力和产业的劳动生产率。一方面，劳动生产率的提高在增加劳动者收益和消费者剩余的同时为企业带来了较高的投资回报率并提升了企业竞争力，推动了经济发展，提高了人们实际收入水平，因此也会对消费需求和投资需求产生一定影响。另一方面，创新要素集聚为资本密集型产业和技术密集型产业的发展奠定良好基础，创新资本和创新人才的流入扩大了区域的资金、技术和知识储备，为技术创新活动的开展提供了重要的物质保障，其搭建起的核心技术产业链用创新的技术代替了传统技术[152]，使制造业的各个行业能够通过产业关联效应和技术扩散效应充分吸收核心技术，提升了产品附加值和技术含量，从而推动制造业产业链的升级，并提高产业国际竞争力，在一定程度上改变出口需求，影响外贸结构。创新要素集聚改进社会需求的作用机制如图 3-4 所示。

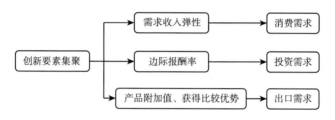

图 3-4　创新要素集聚的社会需求改进效应

资料来源：笔者绘制。

社会需求的变化会直接拉动固定资产投资，进而影响产业结构优化水平。从本质上看，产业结构就是生产结构，社会需求与生产结构直接相连，社会需求的变动会引发产业结构的相应调整，最终使产业结构适应需求结构。社会总需求包括消费需求、投资需求和外贸出口需求。创新要素集聚使消费者的收入水平上升，在需求收入弹性的作用下，消费者原有的消费需求总量和消费结构都会发生改变。收入水平的上升直接影响消费总量，这会促使制造业产业间比例关系做出调整，原因在于国民经济各部门的生产与整个社会的消费需求总量是同方向变动的，若某种商品的需求总量增加会导致生产部门扩大生产，相关产业的产能快速增加，产业蓬勃发展；反之，需求总量的减少会导致相关生产部门缩减生产规模和数量。消费结构的变化对生产消费资料的产业部门发展影响重大，进一步会影响产业部门间比例关系，从而影响产业结构优化。著名统计学家恩格尔在1875年就提出了关于消费结构变化的看法：家庭收入越少，用于购买食物的支出在家庭收入中的占比会越大，即恩格尔定律。居民收入水平较低时，个人消费支出主要在衣着和食品方面，相应地对农业和轻工业部门的产品需求量较大，生产结构也是以农业和轻工业为主；随着收入水平的提高，个人的消费需求开始从"生存需求"向"享受需求"转变，对生活耐用品的需求持续增加，生产结构随之转变为以重工业和基础工业为主；创新要素集聚促进技术创新，进一步提高了人们的收入水平。随着收入提高，人们更加关注个人发展和精神生活，消费需求相应地改变，生产结构也逐渐向高技术产业和服务业转变。最终，为了适应需求的变化，产业结构也相应调整，产业间比例关系和协调程度进一步改变，从而促进产业结构的优化发展。

投资需求对产业结构产生影响主要是通过资金流动这一渠道，资金在不同产业投入所形成的投资配置比例就是投资结构。创新要素集聚带来的技术进步使产业间的边际报酬率出现差异，高技术含量、高附加值的产业由于具有较高的边际报酬率，在"资本逐利"的特性下，吸引更多的资金投入，能够快速扩大生产，产业数量和份额也持续增加，影响了产业结构。

出口需求通过国际贸易来影响产业结构优化。出口需求反映了国外居民的需求变动状况。创新要素集聚有利于核心技术突破，实现创新知识、技术与经济发展间的最优匹配[164]，制造业各产业通过密切的经济技术联系提升了技术效率和产品的附加值，改变了产品在国际竞争中的地位，使本国在对外贸易中处于有利地位并获取比较优势，从而影响国内的产业结构。

3. 创新要素集聚转变就业结构的机制分析

创新要素集聚对劳动分工深化具有重要影响。创新资金和创新人才的空间集中除了会引起产业内部科技要素的重新配置和转移，还会引发非技能劳动力的"无限供给"和技能劳动力的"无限需求"，促使就业结构发生变化[165]。不同产业由于各自的技术特点，对新知识和新技术的吸收、使用不尽相同，从而使产业间的扩张速度出现差异。技术水平较高且技术进步速度较快的产业的劳动效率提高迅速，吸纳劳动力资源的能力较强，促使劳动力资源向其流动，结果导致其就业比重不断上升，就业结构随之改变。创新要素集聚转变就业结构的作用机制如图3-5所示。

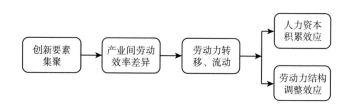

图3-5　创新要素集聚的就业结构转变效应

资料来源：笔者绘制。

在内生经济增长模型中，技术创新对经济发展至关重要。创新要素依照各自的特点和相关性，在一定的空间范围内集聚，作为技术创新载体和先进生产力承担者的人力创新要素，能够通过相互学习、交流和配合，有效推动创新。创新引起不同产业的劳动效率和生产函数发生变化，改变了其对生产要素的需求。劳动效率较高的产业吸引了充裕的要素，能够扩大生产规模，吸引了更多劳动力；而劳动效率较低的产业对要素的吸引力相对弱一些，无法进一步扩大生产，只能通过要素替代的方式释放部分劳动力。在技术创新的"推"和"拉"的合力作用下，不同产业间通过不断释放、吸引劳动力[166]，导致劳动力在产业间流动并引发要素的集中优化配置。

创新要素集聚带来的劳动力转移一方面使地区人力资本存量和增量发生变化，极大地影响了技术创新能力和扩散效果，较高的人力资本数量使熟练劳动力的知识创造和生产能力稳步提高，特别是技术密集型制造业和大批新兴产业，吸引劳动力向其转移，进一步扩大了这些产业或部门的知识技术"存量"，为企业拓展市场、开展关联业务提供了智力保障。随着这些产业部门劳动力需求的逐渐增加，高素质人才的需求也相应地增加，这会进一步引发高素质和高技术人才的流动。在创新要素集聚与人力资本互相作用下，产业的劳动生产率和边际收益进一步提高，循环累积效应的向心吸引力使劳动力大规模地快速流入，从而导致就业结构不断变化和演进，最终影响产业结构。另一方面，伴随着劳动力流动，劳动力的结构也会相应地调整。具备知识技能的研发人员不仅是生产要素，同时还能够创造知识。创新要素集聚能够提高地区的专业化人力资本存量，同时会改变人力资本结构、提升人力资本层次。技术进步的加快使低素质的劳动力逐渐与产业的发展不相匹配，只能留在传统的技术水平较低的产业，而高素质、年轻有文化的劳动力更倾向于选择高技术产业，较高的回报率吸引劳动者想办法尽可能提高自身技能和素质，从而满足高技术产业的发展要求。因此，劳动力从传统行业向高技术行业和新兴行业的转移推动劳动者的素质提升和现有劳动力结构的改变，由此促进产业结构的优化。

3.4　本章小结

本章首先分析了创新要素集聚的内涵和机理，其次从作用机理和影响路径入手，从理论层面深入剖析了创新要素集聚与制造业产业结构优化的关系。

（1）在以往研究基础上，将创新要素集聚内涵进行拓展，提出创新要素的空间集聚是资金、人才、政策等要素在工业企业、高等院校和科研机构等不同创新载体间通过相互合作与共同作用实现要素合理配置的过程。区域创新要素的空间集聚涉及的主体包括企业、高等院校、科研机构、政府及外部机构。在众多主体当中，企业是整个创新系统网络的主导者和核心。

（2）对作用机理的理论分析发现，创新要素集聚通过影响产业关联、改变产业生命周期、促进生产结构变更等方式直接或间接影响制造业结构的合理化进程；创新要素集聚改变产业地位，通过溢出效应和协同效应提高要素配置效率，通过共享效应提升产业竞争能力，驱动制造业结构的高度化发展。

（3）对影响路径的理论分析发现，创新要素集聚促进了技术进步、增加社会需求和改善就业结构，而且通过技术进步效应、社会需求效应和就业结构效应等渠道促进了制造业的结构优化。具体来看，技术进步效应的发挥是因为创新要素集聚促进知识溢出，通过产业关联效应推动了技术进步，在改进生产效率的同时突破了生产可能性边界，实现了产出水平的提高。社会需求效应的发挥是因为创新要素集聚通过需求收入弹性影响消费需求，通过边际报酬率影响投资需求，通过产品附加值和比较优势影响出口需求，最终作用于产业结构。就业结构效应的发挥是因为创新要素集聚通过产业间劳动效率差异引发劳动力转移和流动，产生人力资本积累效应和劳动力结构调整效应，最终影响产业结构。

第4章 创新要素集聚和制造业结构优化的测度与特征事实

创新是驱动经济发展和产业结构优化的核心动力,从世界经济发展来看,每一次产业革命都离不开技术变革。中国经济经过40多年的快速增长,科技创新和制造业发展取得了巨大成就。当前,中国经济已经步入发展新时代,发展动力转换和制造业结构优化是提升经济质量的重要内容。在对创新要素集聚影响制造业结构优化的效应和作用机制进行实证分析之前,需要对本书涉及的核心变量进行测度和分析。因此,本章主要内容包括对中国创新要素集聚和制造业结构优化的相关指标进行合理测度,全面观察其现状和变化趋势,在此基础上分析特征事实。本章内容有助于全面了解和掌握中国创新要素空间分布和制造业的产业结构情况,并为后续的实证分析奠定基础。

4.1 中国创新要素集聚的测度与特征事实

4.1.1 创新要素的测度概述

创新驱动的经济发展模式关键在于要充分发挥创新要素的作用,

使创新成为推动产业结构优化和经济发展质量的重要引擎。在研究创新要素集聚对制造业结构优化的影响时，需要选取合理的指标来对创新要素进行测度。目前，国内有关创新要素的具体范畴还没有形成统一的标准，相关学者也是依据研究需要从不同角度去界定和测度创新要素。从现有研究来看，创新要素的测度大致可以归为以下几种：一是从单一角度选取指标来度量创新要素，主要是采用研发（R&D）费用支出衡量[146]。二是以资本和人员作为创新核心过程的要素，创新要素的测度主要包括 R&D 资本和 R&D 人员两个方面[66,147,153]。三是从系统论的角度出发，认为创新要素包括资金、人才、技术、环境等不同方面，相应地选取多种指标来进行测度。例如，李培楠等[167]、王斌和谭清美[168]从资本、人才、技术和政府支持等方面选取指标测度创新要素；朱苑秋等[7]分别从人力、资金、技术、社会环境、宏观政策、基础设施几个方面选取指标构建综合指标体系来评价和测度创新要素。肖国东[169]在评价制造业技术创新能力时，从研发人员比重、研发经费投入、引进技术经费投入、技术消化吸收经费投入、购买国外技术经费投入、技术改造经费投入和研发设备投入七个方面选取指标经因子分析赋权综合测度了技术创新要素投入能力。

综合来看，虽然创新要素的测度标准尚未形成统一，但是现有研究在进行测度时基本都涵盖了对资本和人力这两个重要方面的度量。与传统要素不同，创新要素是提高科技创新能力的核心要素。创新要素投入作为创新活动开展的起始环节，决定了区域知识溢出程度和创新产出水平。人力资本是创新活动的实施者和策划者；创新资金是创新活动开展的必要保证，研发资金与创新人员的共同使用扩大了技术使用范围并提升了使用效率。因此，本书主要从资本和人力两个方面来度量创新要素，并分别从区域视角和行业视角评价创新要素分布状况。

本书借鉴相关研究[9]，将影响创新产出的核心要素分解为资本创新要素和人力创新要素两类，资本创新要素具体指创新主体在基础研究、应用研究和试验发展活动中的资本性投入，人力创新要素具体指从事基础研究、应用研究和试验发展活动的技能型人才[4]。鉴于数据的可获取性，资本创新要素的衡量多用资金投入来代替，人力创新要素的衡量多用人员投入来代替。因此，创新要素主要包括创新资金和创新人员。考虑到 R&D 是整个科技活动的关键，区域视角下，在测度创新资金时，本书选用区域 R&D 经费内部支出总额来衡量创新资金投入数量，以反映整个区域环境的创新经费分布状况。在测度创新人员时，本书选用区域 R&D 人员数量来表示创新人员投入数量，以反映整个区域环境的创新人员分布状况。企业作为创新活动的主体，其拥有的创新要素在创新要素总额中占了大部分，行业视角下对工业企业的创新要素分布状况分析时，创新资金的测度本书选用规模以上工业企业 R&D 经费内部支出来表示，创新人员的测度选用规模以上工业企业 R&D 人员数量来表示。

4.1.2　创新要素集聚的测度及指标选取

关于创新要素集聚水平的测度，现有文献还没有形成统一的方法。已有研究的测度方法大致可以归为两类：一类是单一指标测度方法；另一类是综合指标测度方法。单一指标测度法主要是通过计算创新要素空间集聚度指标，具体包括区位熵（LQ）、水平集聚区位熵（HCLQ）、空间基尼系数（SGC）、EG 空间集聚指数、赫芬达尔—赫希曼指数（HHI）等来反映创新要素集聚状况。综合指标法是通过建立创新要素的评价指标体系，结合各种赋权方法对创新要素集聚水平进行综合评价。综合指标法在选取指标时具有一定的主观性，研究视角的不同使得评价结果难以取得一致。因此，为了使测度结果客观、准确，本书采用单一指标法来测度创新要素集聚水平。

区位熵（LQ）指标主要用于衡量某一产业部门的专业化程度或要素的空间分布状况，也被称为专门化率，由于指标计算时相关数据易于获取而在我国的产业集聚测度中得到了最广泛的应用。区位熵越大，说明这一区域该产业的专门化水平越高。近年来，区位熵指标被用于研究创新的空间集聚和扩散问题，成为众多创新空间测度指标中应用最广泛的指标之一。受亨德森（Henderson）[170]、余永泽和刘大勇[171]、曹雄飞等[149]研究的启示，本书也采用区位熵指数作为衡量创新要素集聚水平的指标。

本书在测度创新要素集聚水平时，将创新活动看作单一生产性部门开展的活动，创新要素集聚水平分别从创新资金集聚和创新人员集聚两个方面测度，创新资金集聚度的计算公式为：

$$ZJJJ = \frac{f_i'/f_i}{F'/F} \qquad (4-1)$$

式中，$ZJJJ$ 代表创新资金的集聚水平；f_i' 代表 i 地区的 R&D 经费内部支出总额；f_i 代表 i 地区的生产总值；F' 代表全国的 R&D 经费内部支出总额；F 代表国内生产总值。

创新人员集聚度的计算公式为：

$$RYJJ = \frac{r_i'/r_i}{R'/R} \qquad (4-2)$$

式中，$RYJJ$ 表示创新人员的集聚水平；r_i' 表示第 i 个地区的 R&D 人员数量；r_i 表示第 i 个地区的总就业人数；R' 表示全国的 R&D 人员数量，R 表示全国的总就业人数。其中，各种 R&D 经费支出总额数据和 R&D 人员数量数据来源于 2006～2018 年的《中国科技统计年鉴》，其余数据来源于 2006～2018 年的《中国统计年鉴》《中国工业统计年鉴》和各省份统计年鉴。

4.1.3　创新要素集聚的特征事实

1. 区域视角下的创新要素集聚特征事实

（1）资本创新要素的空间格局。

资本创新要素用 R&D 经费内部支出总额表示。如图 4 - 1 所示，为中国 R&D 经费内部支出总额的区域分布。2005～2017 年，中国的 R&D 经费投入逐年提高，从 2005 年的 2449.97 亿元上升到 2017 年的 17606.13 亿元，增长幅度较大。东部、中部和西部地区的 R&D 经费投入也呈逐年上升趋势，平均增长率分别为 17.52%，19.52% 和

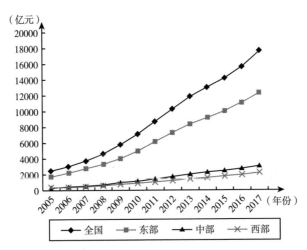

图 4 - 1　2005～2017 年 R&D 经费内部支出总额区域分布示意

资料来源：笔者据相关数据绘制。

17.65%。分区域来看，东部地区的 R&D 经费投入最高，中部次之，西部最少。区域间创新资金投入差异较大，2005 年，东部地区的 R&D 经费投入是西部地区的 5.68 倍，是中部地区的 4.87 倍；2017 年，东部地区的 R&D 经费投入是西部地区的 5.61 倍，是中部地区的 3.98 倍①。从全国来看，东部地区集中了大约 70% 的资本创新要素，这一趋势也与经济发展趋势相吻合。由于中国经济在不同区域发展的差距较大，创新资金投入在东部、中部和西部地区的分布也呈现东高西低的不均衡分布状况。

依据 R&D 活动执行部门的不同，创新主体主要分为企业、科研机构和高等院校三类，不同创新主体的 R&D 经费投入数量差异明显。不同创新主体的 R&D 经费投入在全国 R&D 经费内部支出总额中的占比见表 4 - 1。

表 4 - 1　　　　2005～2017 年不同创新主体的 R&D 经费投入
在 R&D 经费投入总额的占比

单位：%

年份	企业	研发机构	高等院校	年份	企业	研发机构	高等院校
2005	68.32	20.94	9.89	2012	76.15	15.04	7.58
2006	71.08	18.89	9.22	2013	76.61	15.04	7.23
2007	72.28	18.54	8.48	2014	77.30	14.80	6.90
2008	73.26	17.58	8.45	2015	76.79	15.08	7.05
2009	73.23	17.17	8.07	2016	77.46	14.42	6.84
2010	73.42	16.80	8.46	2017	77.59	13.83	7.19
2011	75.74	15.04	7.93				

资料来源：笔者依据相关数据整理计算得出。

2015～2017 年，企业、科研机构和高等院校的 R&D 经费投入数

---

① 资料来源：笔者据《中国科技统计年鉴（2016～2018）》整理计算所得。

量呈逐年增加的趋势。其中，企业的 R&D 经费从 2005 年的 1673. 80
亿元增加到了 2017 年的 13660. 23 亿元；科研机构的 R&D 经费从
2005 年的 513. 10 亿元增加到了 2017 年的 2435. 70 亿元；高等院校的
R&D 经费从 2005 年的 242. 30 亿元增加到了 2017 年的 1265. 96 亿元。
从表 4 - 1 可以看出，企业的 R&D 经费占比最高，高等院校的 R&D
经费占比最低。企业的 R&D 经费占比大体呈上升趋势，研发机构
和高等院校的 R&D 经费占比总体呈下降趋势[①]。现阶段，中国 R&D
经费投入主要集中于企业，而对科研机构和高等院校的投入相对
较少。

　　为了分析资本创新要素集聚的演变状况，绘制 2005 年、2011 年
和 2017 年资本创新要素的地区分布示意图，图 4 - 2 列示了 R&D 经
费内部支出总额在全国不同地区的分布状况。

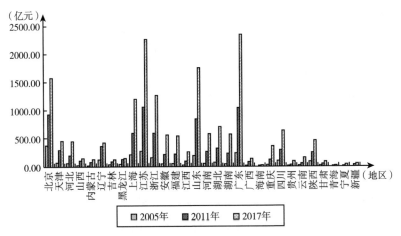

图 4 - 2　2005 ~ 2017 年 R&D 经费内部支出总额地区分布示意

资料来源：笔者据相关年份的《中国科技统计年鉴》整理绘制。

---

① 资料来源：笔者据《中国科技统计年鉴（2006 ~ 2018）》整理计算所得。

由图 4-2 可以看出，2005～2017 年，中国资本创新要素的空间分布格局变化较为明显。2005 年，中国各省份的 R&D 经费投入整体水平较低，大部分省份小于 124 亿元；仅有北京和江苏的 R&D 经费投入超过 269 亿元，R&D 经费投入中心是北京、上海、江苏和广东，尚未形成规模集聚。主要原因在于以上区域是我国高等院校、科研院所相对集中的地区，此阶段的创新活动主要依托于上述机构展开，创新经费中政府投入比例相对较高，而来源于企业的比例非常低。2011 年，各省份的 R&D 经费投入增长迅速，R&D 经费投入较低的省份数量大幅减少，除了山西、内蒙古、吉林、江西、广西、海南、云南、新疆、贵州、青海、宁夏和甘肃这 12 个省份的 R&D 经费投入低于 128 亿元外，其他省份的 R&D 经费投入都超过此范围，而北京、江苏和广东的 R&D 经费投入在 1000 亿元左右，远高于其他省份，并形成了以这三个核心地区为中心，与东南沿海省份共同组成的京津冀、长三角、珠三角资本创新要素高水平的集聚区。2017 年，中国 R&D 经费投入整体上进一步提升，高水平的资本创新要素在京津冀、长三角和珠三角地区集聚的态势基本保持不变；资本创新要素超过 128 亿元的省份由中部地区辐射到西部地区且数量明显增多，逐渐形成集聚态势。

（2）人力创新要素的空间格局。

人力创新要素用 R&D 人员数量表示。中国 R&D 人员数量的区域分布如图 4-3 所示。

从图 4-3 可以看出，2005～2017 年，中国的 R&D 人员数量总体呈增长趋势，全国、东部、中部和西部地区的平均增长率分别为 8.56%、9.05%、7.61% 和 7.82%。东部地区的 R&D 人员数量最多，中部次之，西部最少。区域间创新人员数量差距呈逐年扩大态势，2005 年，东部地区的 R&D 人员数量是西部地区的 4.07

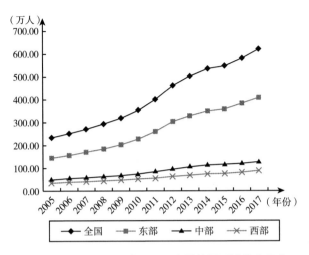

图 4 - 3　2005 ~ 2017 年 R&D 人员数量区域分布示意

资料来源：笔者据相关年份的《中国科技统计年鉴》整理绘制。

倍，是中部地区的 2. 74 倍；2017 年，东部地区的 R&D 人员数量是西部地区的 4. 67 倍，是中部地区的 3. 21 倍。整体来看，东部地区集中了大约 66% 的人力创新要素，与中部和西部地区的人力创新要素差距在逐渐拉大，人力创新要素在全国呈现东高西低的分布态势。

根据对创新主体的划分，分别就企业、科研机构和高等院校的创新人员分布情况展开分析。2005 ~ 2017 年，中国不同创新主体的 R&D 人员投入数量也呈逐年增加的趋势。其中，企业 R&D 人员数量从 2005 年的 210. 35 万人增加到 2017 年的 462. 67 万人；科研机构 R&D 人员数量从 2005 年的 45. 60 万人增加到 2017 年的 46. 22 万人；高等院校 R&D 人员数量从 2005 年的 47. 09 万人增加到 2017 年的 91. 36 万人。进一步计算出不同创新主体的 R&D 人员投入在总 R&D 人员投入中的占比，见表 4 - 2。

表 4 - 2　　　　2005 ~ 2017 年不同创新主体的 R&D 人员投入

在 R&D 人员投入总额的占比　　　　单位:%

年份	企业	研发机构	高等院校	年份	企业	研发机构	高等院校
2005	55.14	11.95	12.34	2012	72.92	8.41	14.68
2006	57.37	11.18	12.31	2013	73.98	8.15	14.26
2007	60.71	10.52	11.93	2014	74.40	7.91	14.25
2008	62.24	9.82	11.67	2015	73.29	7.96	15.30
2009	68.64	10.15	15.99	2016	74.28	7.72	14.61
2010	68.68	9.64	16.76	2017	74.46	7.44	14.70
2011	70.84	9.01	15.73				

资料来源：笔者据相关数据整理计算。

从表 4 - 2 中可以看出，企业的 R&D 人员投入占比最高，研发机构的 R&D 人员投入占比最低。企业的 R&D 人员投入占比总体表现为上升趋势，研发机构的 R&D 人员投入占比总体表现为下降趋势，高等院校的 R&D 人员投入占比的变动较为复杂，2010 年之后开始下降，直到 2015 年又转为上升变动趋势。现阶段，中国 R&D 人员投入主要集中于企业，而对科研机构和高等院校的投入相对较少。

为了分析人力创新要素集聚的现状，同样绘制出 2005 年、2011 年和 2017 年人力创新要素的地区分布图。如图 4 - 4 所示，为 R&D 人员数量在全国不同地区的分布状况。

从图 4 - 4 可以看出，2005 ~ 2017 年，中国省域人力创新要素分布差距较大。2005 年，中国各省份的人力创新要素分布较为分散，R&D 人员投入整体水平较低，大部分省份的 R&D 人员投入小于 7.73 万人，空间聚类态势不明显，仅北京、江苏、浙江、广东和山东的 R&D 人员投入数量较多，超过 15 万人，但尚未形成规模集聚，这五

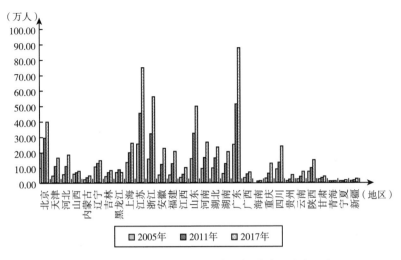

图 4 - 4　2005～2017 年 R&D 人员数量地区分布示意

资料来源：笔者绘制。

个区域也是中国科研院所和高等院校较为集中的区域，创新人员数量
相对较多。2011 年，各省份的 R&D 人员投入数量均有所增长但增速
较低，R&D 人员投入低于 7.73 万人的省份数量减少较多，R&D 人员
逐渐向东部沿海地区转移，北京、广东、江苏、浙江和上海等地的
R&D 人员投入数量均超过 19 万人，为人力创新要素高水平区域，
R&D 人员开始向长三角、珠三角地区集聚，空间集聚态势较为明显。
2017 年，各省份的 R&D 人员投入增长迅速，R&D 人员的空间分布格
局无明显变化，高水平的人力创新要素在长三角、珠三角地区集聚的
态势基本保持不变。

（3）资本创新要素的区位熵测度结果分析。

根据创新要素集聚度的计算方法（式 4 - 1），这部分内容主要测
度了各省份资本创新要素集聚的区位熵，结果见表 4 - 3。

表 4 - 3   2005 ~ 2017 年各省份的创新资金区位熵

地区	创新资金区位熵	地区	创新资金区位熵	地区	创新资金区位熵
北京	3.45	山西	0.59	内蒙古	0.34
天津	1.54	吉林	0.58	广西	0.35
河北	0.53	黑龙江	0.64	重庆	0.78
辽宁	0.95	安徽	0.87	四川	0.90
上海	1.86	江西	0.57	贵州	0.37
江苏	1.29	河南	0.56	云南	0.40
浙江	1.14	湖北	0.96	陕西	1.31
福建	0.74	湖南	0.69	甘肃	0.66
山东	1.05			青海	0.36
广东	1.12			宁夏	0.47
海南	0.22			新疆	0.27
东部	1.26	中部	0.68	西部	0.56

资料来源：笔者整理计算。

从表 4 - 3 中 2005 ~ 2017 年各省份创新资金区位熵的均值可以看出，各省份的创新资金集聚程度差异较大，两极分化明显。北京创新资金区位熵指数为 3.45，远高于全国平均值 0.85，居全国首位；海南创新资金区位熵指数均值为 0.22，为全国最低。按照由高到低的顺序，创新资金集聚程度排名前十的省份分别为北京、上海、天津、陕西、江苏、浙江、广东、山东、湖北、四川。根据东部、中部和西部三大区域的划分，除了中部地区的湖北，西部地区的陕西和四川之外，以上省份大都属于东部地区。与实际情况结合起来分析，主要原因在于湖北、陕西和四川汇集了众多企业、科研院所和高等院校，其中陕西在航空航天、计算机、通信和电子设备制造业等行业科研实力雄厚；四川培养了大量高技术企业，在政府大力推进创新型城市建设的引导下，吸引了大量创新资金并拥有较高的集聚水平；湖北的装备制造业集群化发展趋势明显，同时"中国光谷"影响日益扩大，已成为国内光电子产业的重要基地，吸引了大量创新资本进入。创新资金集聚程度排名后五位的地区由高到低分别为青海、广西、内蒙古、新疆和海南，其创新资金区位熵指数远低于全国平均水平。以上省份除海南位于东部地区，其余省份均属于西部地区。这主要是因为海南虽然具有独特的地域优势，但企业和研发机构较少，产业结构较为单一，科技型企业数量很少且规模水平低，不具备吸纳创新要素的能力。东部地区创新资金区位熵指数均值为1.26，中部地区的均值为0.68，西部地区的均值为0.56，由此可见，三大区域创新资金集聚程度差异明显，东部地区依然是创新资金集聚的中心，与之相比，西部地区的创新资金集聚能力最低，创新资金集聚程度总体呈现由东部地区向中部地区辐射，再向西部地区递减的特征。

（4）人力创新要素的区位熵测度结果分析。

根据创新要素集聚度的计算方法（式4-2），这部分内容主要测度了人力创新要素集聚的区位熵。

从表4-4中2005~2017年各省份创新人员区位熵的均值可以看出，中国各省份之间的创新人员集聚程度差异较大，体现出明显的两极分化特征。全国创新人员区位熵的平均值为0.87，江苏的区位熵指数均值为1.81，居全国首位；新疆的区位熵指数均值为0.31，是全国最低。创新人员区位熵均值超过1的地区共九个，分别为北京、上海、天津、江苏、浙江、广东、山东、湖北、安徽。这些省份除了湖北和安徽位于中部地区之外，其余省份均位于东部地区；创新人员区位熵均值低于0.5的省份是贵州、云南、新疆和海南，以上省份除海南位于东部地区之外，其余省份均属于西部地区。根据东部、中部和西部三大区域的划分，东部地区创新人员区位熵指数均值为1.18，中部地区的创新人员区位熵指数均值为 0.80，西部地区的创新人员区位熵指数均值为 0.61，对比创新资金区位熵指数来看，创新人员集聚的核心依然是东部地区的省份，与中西部地区的集聚能力相比，东部地区创新人员的集聚能力更强。创新人员集聚程度总体呈现由东部向中部地区再向西部地区依次递减的特征。

表 4－4　　　　2005～2017 年各省份的创新人员区位熵

地区	创新人员区位熵	地区	创新人员区位熵	地区	创新人员区位熵
北京	1.63	山西	0.62	内蒙古	0.52
天津	1.56	吉林	0.84	广西	0.59
河北	0.72	黑龙江	0.64	重庆	0.79
辽宁	0.88	安徽	1.08	四川	0.84
上海	1.54	江西	0.62	贵州	0.38
江苏	1.81	河南	0.69	云南	0.47
浙江	1.32	湖北	1.02	陕西	0.97
福建	0.80	湖南	0.86	甘肃	0.56
山东	1.07			青海	0.52
广东	1.34			宁夏	0.71
海南	0.36			新疆	0.31
东部	1.18	中部	0.80	西部	0.61

资料来源：笔者整理计算。

2. 产业视角下的创新要素集聚特征事实

（1）制造业整体的创新要素集聚状况。

在分析资本创新要素和人力创新要素在制造业的集聚状况时，本书使用规模以上工业企业的 R&D 经费内部支出和 R&D 人员数量衡量制造业创新资金和创新人员投入。中国规模以上工业企业的 R&D 经费内部支出和 R&D 人员数量变动趋势如图 4－5 所示。

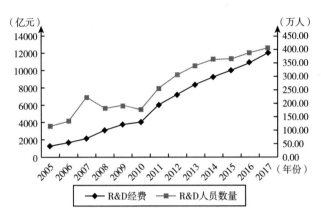

图 4 - 5　2005 ~ 2017 年工业企业 R&D 投入变化趋势

资料来源：笔者绘制。

总体来看，2005 ~ 2017 年，中国规模以上工业企业的 R&D 投入呈上升趋势。近三年全国规模以上工业企业 R&D 经费内部支出在全国总 R&D 经费内部支出中的占比分别为 70.67%、69.80% 和 68.23%；R&D 人员数量在全国总 R&D 人员数量中的占比分别为 62.92%、62.74% 和 61.70%，由此可见，中国的创新要素绝大部分投入了制造业。2005 ~ 2017 年，规模以上工业企业的创新资金投入增长迅速，R&D 经费支出从 2005 年的 1250.29 亿元增长到了 2017 年的 12012.96 亿元，平均增长率为 20.75%。在此期间，R&D 人员数量总体也呈上涨趋势，从 2005 年的 115.14 万人持续增长到 2017 年的 404.48 万人，平均增长率达到 13.38%[①]。

（2）制造业细分行业的创新要素投入状况。

在分析资本创新要素和人力创新要素在制造业细分行业间的集聚状况时，选用规模以上工业企业 R&D 经费内部支出和 R&D 人员数量来衡量制造业各行业的创新资金和创新人员投入。

---

① 资料来源：笔者据《中国工业统计年鉴》整理计算。

　　制造业各行业的创新资金投入可用行业的 R&D 经费内部支出来表示，图 4 - 6 列出了 2005 年和 2017 年中国制造业细分行业的规模以上工业企业 R&D 经费内部支出数额。

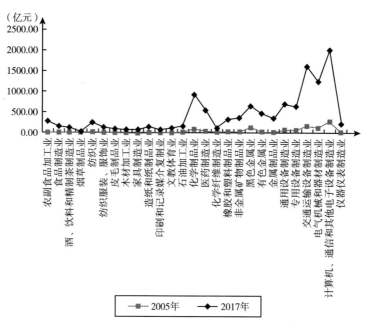

图 4 - 6　2005 年和 2017 年分行业工业企业 R&D 经费内部支出分布示意

资料来源：笔者绘制。

　　从图 4 - 6 可以看出，制造业不同行业的 R&D 经费内部支出差距明显。2005 年，规模以上工业企业 R&D 经费内部支出排在前五位的行业分别是计算机、通信和其他电子设备制造业，交通运输设备制造业，黑色金属业，电气机械和器材制造业，化学制品业。这五个行业的 R&D 经费内部支出之和在制造业总 R&D 经费内部支出中的占比达到了 66.02%。农副食品加工业，烟草制品业等行业的 R&D 经费内部支出排在最后九位，这些行业的 R&D 经费内部支出之和在制造业总 R&D 经费内部支出中的占比仅为 3.94%。2017 年，规模以上工业企业 R&D 经费内部支出排在前五位的分别是计算机、通信和其他电子设备制造业，交通运输设备制造业，电气机械和器材制造业，化学制品业，通用设备制造业。排名前五的行业中，仅黑色金属业的 R&D 经费内部支出数额有所减少，低于通用设备制造业。这五个行业的 R&D 经费内部支出之和在制造业的总 R&D 经费内部支出中的占比变为 55.77%，与 2005 年相比有所下降。纺织服装、服饰业，化学纤维制造业等行业的 R&D 经费内部支出排在最后九位，这些行业的 R&D 经费内部支出之和在制造业的总 R&D 经费内部支出中的占比也仅为 5.81%。整体来看，2005~2017 年，创新资金在制造业各行业间投入不均衡的状况虽然有所调整，但是行业之间的差异依然显著。

制造业各行业的创新人员投入可用行业的 R&D 人员数量来表示，图 4-7 列出了 2005 年和 2017 年中国制造业细分行业的规模以上工业企业 R&D 人员数量。

从图 4-7 可以看出，制造业行业间的 R&D 人员数量分布不均，行业间差距非常大。2005 年，规模以上工业企业 R&D 人员数量排在前五位的分别是计算机、通信和其他电子设备制造业，运输设备业，黑色金属业，通用设备制造业，电气机械和器材制造业；这五个行业的 R&D 人员数量在制造业总 R&D 人员数量中的占比为 54.90%；家具制造业、印刷和记录媒介复制业、木材加工业、文体教育业、烟草制品业及皮毛制品业的 R&D 人员数量排在最后六位，占比为 2.26%。2017 年，规模以上工业企业 R&D 人员数量排在前五位的分别是计算机、通信和其他电子设备制造业，交通运输设备制造业，电气机械和器材制造业，通用设备制造业，专用设备制造业；这五个行业的 R&D 人员数量在制造业总 R&D 人员数量中的占比为 54.16%；烟草制品业、石油加工业、木材加工业、化学纤维制造业、印刷和记

录媒介复制业及家具制造业的 R&D 人员数量排在最后六位，占比为
3.57%。整体来看，2005 ~ 2017 年，创新人员在制造业行业间的分
布略有调整，但是行业之间分布不均衡的状况依然明显。

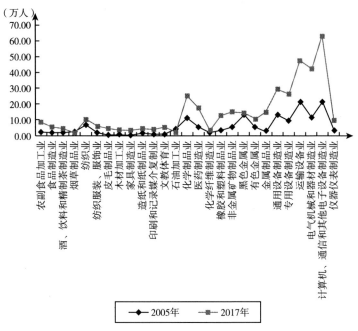

图 4 – 7　2005 年和 2017 年分行业工业企业 R&D 人员分布示意

资料来源：笔者据《中国工业统计年鉴》绘制。

4.2　中国制造业结构优化的测度与特征事实

制造业（manufacturing）又被称为制造工业，指的是按照市场要
求，利用劳动力、机器、工具等手段对各种制造资源进行规划设计或
加工，使其通过制造过程转化为能够供人使用的大型工具、生活消费
品和工业品的行业。制造业是工业的主体，也是国民经济的基础，制

造业的发展水平是一个国家生产力水平的直接体现。经过几十年快速发展，我国制造业已建立起规模庞大、门类齐全、独立完整的制造体系。根据 2017 年发布的《国民经济行业分类》标准，代码为 13~43 的共 31 个二分位数细分行业被归并为制造业。

4.2.1　制造业结构优化的测度概述

通过梳理关于制造业转型升级和结构优化的文献，发现对于"转型升级"和"结构优化"二者之间的界定并不清晰，对制造业结构优化水平的测度目前也没有形成统一的标准，学者们都是基于自身的理解并依据研究需要，采用不同的方法和测度指标来量化制造业结构优化水平。总的来说，制造业结构优化的测度方法主要包括指标法和制造业结构优化综合评价法。

（1）指标法主要是依照某一规则，从某个方面选用指标通过计算一个总体指标来度量制造业结构优化的状况。该方法依据某方面性质将制造业所有行业划分为若干类，通过计算各类制造业行业的产值占比来判断制造业结构优化程度。李珊珊等[172]用技术密集型制造业总产值的占比来度量制造业结构优化。傅元海和王晓彤[173]基于劳动生产率的视角测算泰尔指数表示制造业结构合理化，用高端技术制造业与中端技术制造业的产值比表示制造业结构高级化。总体来看，指标法在测度制造业结构优化时简单易行，保留了原始数据信息，结果真实可靠。

（2）制造业结构优化综合评价法是从不同方面选取指标并对各指标赋权，通过构建指标体系进行综合判断和衡量。冯春晓[174]从产值结构、资产结构、技术结构、劳动力结构四个方面选取指标测度了制造业产业结构优化状况。马珩和李东[113]从创新能力和营销能力两个维度选取七个指标，经过赋权处理，构造了价值链高度综合指数衡量了制造业结构优化。赵晓霞[175]从产业结构、产业质量、产业竞争和产业规模等角度选取指标评价了制造业结构优化。指标体系综合评价法虽然能够从不同方面全面反映制造业结构优化状况，但是由于选取指标较多，部分指标具有高度相关性，从而会出现重复计算的现象。

整体来看，已有的测度方法虽然在一定程度上反映了制造业结构优化水平，但是由于标准不统一，研究也有一些不足。产业结构优化的内涵，一般意义上理解为合理化与高度化的统一[18]。产业结构优化是一个动态过程，随着经济发展阶段和外部环境的改变，其内涵也应该做出相应的调整与扩充。产业结构优化不仅是产业间生产数量的提高和比例的转变，更重要是体现产业技术创新能力的提升和向价值链高端环节的攀升[176-177]。除此之外，面对资源约束趋紧和生态环境变化的国内外发展形势，产业结构优化还应包括生产方式的变革、生产质量的提升和绿色发展的属性[178-179]。制造业结构优化是中国经济发展质量提升的重要保障，关乎经济绿色发展的转变。

基于上述分析，本书分别从制造业结构合理化和制造业结构高度化两个方面测度制造业结构优化。依据前文对制造业结构优化内涵的重新界定，用高技术产业在制造业的产值占比衡量的产业结构高度化来反映制造业绿色发展、高端发展的属性，制造业的结构优化应该是产业结构合理化和高度化二者的有机结合。

4.2.2 制造业结构合理化的测度与特征事实

1. 产业结构合理化的测度指标及数据来源

目前，产业结构合理化的判断标准主要包括国际基准、需求结构基准、产业间比例平衡基准等[175]，测度指标主要有结构偏离度指数、生产率指数、Hamming 贴近度指数和泰尔指数等。

　　结构偏离度指数是从各产业间的协调程度和资源合理利用程度两个方面考虑，综合测度各产业投入和产出间的耦合状况，测度公式为：

$$E = \sum \left| \frac{Y_i/L_i}{Y/L} - 1 \right| \qquad (4-3)$$

式中，E 是结构偏离度；Y_i 是产业增加值，L_i 是就业人数。

　　生产率指数[19]从生产率速度和生产率贡献角度出发，通过构建 Divisia 指数测算综合要素生产率（MFP）来表示产业结构合理化，Divisia（MFP）的计算公式为：

$$\frac{\mathrm{dln}A(t)}{\mathrm{d}t} = \frac{\mathrm{dln}Q(t)}{\mathrm{d}t} - \left(S_L(t)\frac{\mathrm{dln}L(t)}{\mathrm{d}t} + S_K(t)\frac{\mathrm{dln}K(t)}{\mathrm{d}t} \right) \qquad (4-4)$$

式中，Q 为产出；L 和 K 分别为劳动和资本投入；S_L 和 S_K 分别为劳动和资本弹性系数。

　　Hamming 贴近度指数[20,180]通过测算产出结构与国际标准结构的贴近程度来衡量产业结构合理化，其计算公式为：

$$HAD = 1 - \frac{\sum |S_i^d - S_i^r|}{3} \qquad (4-5)$$

式中，HAD 为海明贴近度指数；S_i^r 为标准的产业结构比例；S_i^d 为实际的产业结构比值。

　　泰尔指数又叫泰尔熵，最早是由泰尔（Theil）提出并用于收入差距问题的研究，后来学者发现它是一个很好的测度产业结构合理化的指标[24]，其计算公式为：

$$TL = \sum \left(\frac{Y_i}{Y}\right) \ln\left(\frac{Y_i}{L_i} \Big/ \frac{Y}{L}\right) \qquad (4-6)$$

式中，TL 代表泰尔指数；Y 和 L 分别表示产值和就业人数；Y_i 和 L_i 分别表示制造业第 i 个行业的产值和就业人数。

若经济处于均衡状态，泰尔指数为零；若经济偏离均衡状态，则泰尔指数不为零。泰尔指数与产业结构合理化呈负相关，泰尔指数越小，说明产业结构合理度越高。

由于泰尔指数既表现了产业间的比例关系，同时还表现了产业间的协同和促进关系，在计算时考虑了产业的相对重要性并避免了绝对值的运算问题，越来越多的学者用其来测算产业结构合理化。

以上几种测度指标中，学者最常用的是泰尔指数和结构偏离度指数。因此，本书在度量制造业产业结构合理化水平时使用泰尔指数。基于数据可获取性，以具有完整数据的 27 个制造业二分位数行业为研究对象。规模以上工业企业年平均从业人数和制造业各行业的工业总产值数据来源于 2006～2018 年的《中国工业统计年鉴》和各省份的统计年鉴。由于 2013 年后的《中国工业统计年鉴》不再发布工业总产值的数据，因此 2012 年以后的工业总产值用相应年份的主营业务收入来近似代替。其中，2010 年以前的统计口径是大中型工业企业，2010 年以后是规模以上工业企业。

2. 制造业产业结构合理化的特征事实分析

通过计算得到 2005～2017 年的中国制造业产业结构合理化水平值，绘制其变化趋势图如图 4-8 所示。

从图 4-8 可以看出，中国制造业泰尔指数总体呈下降趋势，说明制造业产业结构合理化水平不断提高。2005～2008 年，中国制造业的泰尔指数较高，说明产业结构合理化程度较低；2009～2017 年，

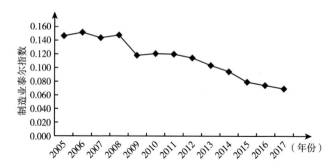

图 4 - 8　2005～2017 年中国制造业产业结构合理化水平变化趋势

资料来源：笔者绘制。

泰尔指数下降幅度较大，说明产业结构合理化水平提高较快。伴随中国经济的快速发展，制造业产业结构优化过程，既改变了不同行业的比例，同时也逐步提升了资源在行业间的配置效率，推动制造业整体合理化水平的不断提高。

为了便于比较地区制造业产业结构合理化的异质性，本书计算了 2005～2017 年中国各地区制造业的产业结构合理化水平值，并在此基础上绘制出 2005 年和 2017 年各地区制造业的泰尔指数图，如图 4 -9 所示。

从图 4 -9 可以看出，2005～2017 年，中国各地区的制造业结构合理化水平差异较大，区域异质性较为明显。2005 年，产业结构合理化水平最高的地区依次为四川、重庆、宁夏；最低的地区为新疆，陕西，甘肃；2017 年，产业结构合理化水平最高的地区依次为云南、内蒙古、吉林，最低的地区为海南，甘肃，辽宁。总体来看，东部、中部和西部三大区域之间的合理化水平异质性明显。2017 年和 2005 年相比，除了海南之外，其余地区的产业结构合理化水平不断提高，说明随着中国经济发展，制造业产业间比例不断完善，产业结构调整的成效较大。

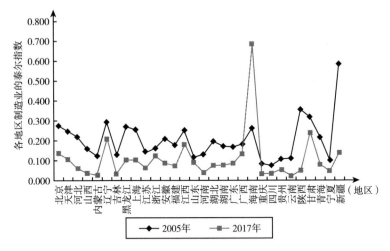

图 4 - 9　2005 年和 2017 年各地区制造业产业结构合理化水平分布示意

资料来源：笔者绘制。

4.2.3　制造业结构高度化的测度与特征事实

1. 产业结构高度化的测度指标及数据来源

产业结构高度化是一个动态的演进过程，反映了产业结构从低水平向高水平状态的不断跃迁。用于测度产业结构高度化的指标较多，大体可以分为两类：一类是用空间向量度量的方法，计算 Moore 结构变动指数，通过向量空间夹角表示产业结构变化[181]；另一类是用产值比例测算，大多都考虑第三产业，通过计算第三产业占比来表示。

Moore 指数是用不同时期产值比例变动的夹角来衡量产业结构高度化，是正向指标，其计算公式为：

$$\alpha = \arccos \frac{\sum W_{i,t_1} W_{i,t_2}}{\sqrt{\sum W_{i,t_1}^2} \sqrt{\sum W_{i,t_2}^2}} \qquad (4-7)$$

式中，α 为产值比重变化的夹角；W_i 为 i 产业的产值比重，t_1 和 t_2 为某一时期。

李新功[182]在上述基础上进行改进，提出改进的 Moore 指数，其计算公式为：

$$\alpha = \arccos \frac{\sum X_{i,j} X_{i,0}}{\sum \frac{1}{2} X_{i,j}^2 \sum \frac{1}{2} X_{i,0}^2} \qquad (4-8)$$

式中，α 为向量 x_0 与产业结构向量的夹角，$x_0=(x_{10},x_{20},x_{30})$ 为三次产值占比构成的三维空间向量，产业结构由低向高排列的向量为 $x_1=(1,0,0)$，$x_2=(0,1,0)$，$x_3=(0,0,1)$。

目前，用产值比例测度产业结构高度化时，学者最常用的指标是第三产业与第二产业的产值比[24,183]。制造业结构高度化的过程，产业结构应该从低端、低附加值到高端、高附加值跃迁，产业内部应该从原材料制造业为主向高新技术制造业为主转移。在经济发展新时代，高新技术产业是制造业产业质量和产业竞争力提升的重要表现，因此，本书借鉴刘相锋[3]的做法，在衡量制造业产业结构高度化水平时用高技术产业产值在制造业总产值中的占比表示。

本书采用《中国高技术产业统计年鉴》的分类方法，将医药制造业、航空航天器及设备制造业、电子及通信设备制造业、计算机及办公设备制造业、医疗仪器设备及仪器仪表制造业五大类划分为高技术产业。相关数据来源于历年的《中国高技术产业统计年鉴》和《中国工业统计年鉴》。

2. 制造业产业结构高度化的特征事实分析

通过计算可以得到 2005~2017 年中国制造业产业结构高度化水平值，绘制其变化趋势图，如图 4-10 所示。

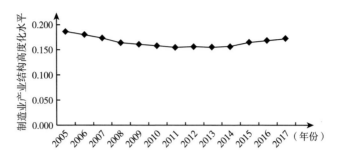

图 4 – 10　2005 ~ 2017 年中国制造业产业结构高度化水平变化趋势

资料来源：笔者绘制。

从图 4 – 10 可以看出，2005 ~ 2017 年，中国制造业结构高度化水平大体上呈先下降后上升的"U"型变化趋势。2005 ~ 2011 年，产业结构高度化水平呈下降趋势；2012 ~ 2017 年，产业结构高度化水平开始逐渐上升。中国制造业产能扩张迅速，但高附加值产业发展缓慢，占比较低，随着党的十八大提出的"创新驱动发展战略"的深入实施，制造业发展动能逐步转换，高新技术产业发展迅速，规模持续增长，知识密集型和技术密集型产业不断增加，中国制造业的高度化水平提升较为明显。

为了便于地区间相互比较，本书还计算了 2005 ~ 2017 年中国各地区制造业产业结构高度化水平值，并在此基础上绘制出 2005 年和 2017 年各地区制造业结构高度化分布图，如图 4 – 11 所示。

通过考察图 4 – 11 显示的各地区产业结构高度化水平值发现，2005 ~ 2017 年中国各地区制造业结构高度化水平差异显著。从具体数值来看，2005 年，北京、广东、天津、上海、江苏五个省份的产业结构高度化数值超过 0.2，分别排在全国前五位；云南、甘肃、青海、新疆的产业结构高度化数值低于 0.04，分别排在全国后四位。2017 年，产业结构高度化水平最高的三个省份依次为广东、上海、北京；最低的省份为新疆、青海、内蒙古。整体来看，东部、中部和

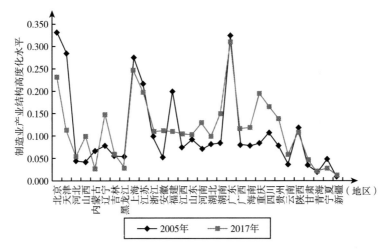

图 4 - 11　2005 年和 2017 年各地区制造业产业结构高度化水平分布示意

资料来源：笔者绘制。

西部地区的制造业产业结构高度化水平依次递减，东部地区产业结构高度化水平均值最高，中部地区次之，而西部地区产业结构高度化水平均值最低。这说明东部地区的制造业已逐步走上高附加值和高技术含量的发展道路，而中部和西部地区还有较大的发展空间，需要加快技术水平提升以推进制造业生产方式变革和高质量的发展。2017年和 2005 年相比，大部分省份的产业结构高度化水平提高显著，说明高技术产业不断发展壮大，制造业也逐步向高质量的发展方向转变。

4.3　本章小结

　　本章的主要内容是创新要素集聚与制造业结构优化的测度问题及相关的特征事实，这部分的描述统计分析有助于深刻了解创新要素集聚和制造业结构优化的现状，同时也为后续实证分析的开展打下良好基础。

（1）对于创新要素的度量，本书主要从资本和人力这两个方面来衡量，在此基础上，分别测度了资本创新要素和人力创新要素的集聚水平，并从区域和产业视角对创新要素的分布情况展开分析，以明晰创新要素的集聚现状。研究发现，第一，2005～2017年，资本创新要素和人力创新要素在区域间的分布都是东部地区最高，中部地区次之，西部地区最少。第二，资本创新要素和人力创新要素空间分布极不均衡，资本创新要素以京津冀、长三角和珠三角地区为中心集聚，空间集聚态势更为明显；人力创新要素分布较为分散，2011年才逐渐开始向长三角和珠三角地区为中心的区域集聚。第三，各省份的资本创新要素集聚和人力创新要素集聚程度差异较大，两极分化明显。北京、上海和天津的资本创新要素集聚指数和人力创新要素集聚指数分别居全国前三位；内蒙古、新疆和海南的资本创新要素集聚指数分别居全国后三位，贵州、新疆和海南的人力创新要素集聚指数分别居全国后三位。第四，创新要素在制造业各行业间分布也不均衡，行业差异较大，计算机、通信和其他电子设备制造业，交通运输设备制造业，电气机械和器材制造业，通用设备制造业集聚了大部分资本创新要素和人力创新要素。

（2）在对制造业结构优化进行测度时，分别从产业结构合理化和产业结构高度化两个方面展开分析。本书使用泰尔系数来度量制造业产业结构的合理化水平；由于高技术产业具有高技术、高附加值等特性，是制造业发展质量提升的关键，因此本书使用高技术产业产值在制造业总产值中的比重来度量制造业结构的高度化水平。研究发现，第一，2005～2017年，中国制造业结构的合理化水平总体上呈上升趋势；中国制造业结构高度化水平总体上呈先降后升的"U"型变化趋势，其中，2005～2011 年呈下降趋势；从 2012 年开始呈上升趋势，主要原因是随着党的十八大提出的"创新驱动发展战略"的深入实施，制造业发展动能逐步转换，高新技术产业发展迅速，规模持续增长，知识密集型和技术密集型产业不断增加，中国制造业的高度化水平提升较为明显。第二，从区域差异来看，制造业结构的合理化水平和高度化水平在东部、中部和西部三大区域间异质性明显，呈显著的"东高西低"分布特征。第三，中国各地区制造业结构的合理化水平和结构高度化水平差异显著，2017 年和 2005 年相比，大部分地区的产业结构合理化水平和高度化水平不断提高，制造业行业间比例不断完善，行业间的协调度提升较大，随着高技术产业的发展壮大，制造业也逐步走上了高质量的产业发展道路。

第 5 章　创新要素集聚影响制造业结构优化的动态面板分析

　　当前，中国经济已步入"增速趋缓"的发展时期，加快经济发展动力转换和产业结构调整，实现经济高质量发展成为现阶段的主要任务。作为中国经济的重要抓手，制造业存在产业结构失调和资源消耗较多、环境污染严重的问题。在新一轮科技革命和全球产业变革的背景下，制造业结构优化对制造强国战略的实施和中国经济的发展具有深远意义。

　　经济增长理论表明，产业结构调整是优化资源配置，提高产业经济效率，实现经济稳定增长的关键。产业结构调整最主要的力量来源于创新，创新要素集聚有助于创新产出，是经济发展动力从要素驱动转换为创新驱动的重要基础[63]。近年来，随着国家创新投入力度的加大，研发经费投入强度稳步上升，与发达国家的差距逐步缩小，但是要实现进入创新型国家前列的目标任务依然艰巨，创新要素在区域间和行业间集聚的态势越发明显。中国制造业规模不断扩大，已成为世界第一制造大国，但是制造业自主创新动力不足，产业内部结构不合理，低端行业产能过剩，知识和技术密集型的高端产业占比较低，能源资源消耗量和污染排放量较高，在国际竞争中处于不利地位。面对这一局面，如何行之有效地推进制造业产业结构优化，提升制造业发展质量，成为学术界和实业界关注的重要问题。政策层面，中国提出实施创新驱动发展战略和"制造业2025"发展战略，"十三五"规划也提出要优化要素配置激发创新创业活力，推动新技术、新产业的蓬勃发展。然而在现实中，我们更为关心创新要素的空间集聚能否对制造业产业结构优化产生积极影响，如何将创新要素集聚与高层次和高水平的创新相结合，以促进制造业结构优化，实现制造业生产力的提升？在中国由制造大国向制造强国转变过程中，这些问题的回答对区域创新体系建设和"供给侧结构性改革"的目的实现意义重大。为了深入研究并回答这些现实问题，在第3章的理论分析基础上，结合第4章对相关变量的测度，本章主要通过建立计量模型，从实证角度研究创新要素集聚对制造业结构优化的影响。这些问题的深入探讨有助于提升区域创新能力和培育制造业的竞争优势，对中国经济发展动力转换和制造业实现弯道超车的跨越式发展具有重要现实意义。

5.1　动态面板模型设定

创新要素集聚对中国制造业结构优化的影响可以借助内生经济增长理论来分析。参考焦勇[144]、付宏[184]和陶长琪[148]的研究，构建数理模型来分析创新要素集聚对制造业结构优化的影响。

假设地区生产函数为柯布道格拉斯生产函数，具体形式为：

$$Y = A \times F(K, L, I) = AK^{\alpha}L^{\beta}I^{\gamma} \qquad (5-1)$$

式中，Y 表示地区产出水平；K 和 L 分别表示地区生产中的资本和劳动要素投入量；A 表示外生技术进步；I 表示地区内生处理后的创新；

α、β 和 γ 分别表示资本、劳动和创新的产出弹性。

为了便于后续处理，假设地区创新水平是关于创新要素集聚的函数，即：

$$I = C(r) \qquad\qquad (5-2)$$

式中，r 表示地区创新过程的创新要素集聚度。

同样，用 C–D 生产函数来构建地区制造业行业的生产函数：

$$Y_i^j = A^j K_i^{\alpha j} L_i^{\beta j} \left[C(r) \right]_i^{\gamma^j} \qquad\qquad (5-3)$$

式中，i 表示地区；j 表示制造业各行业生产函数的参数；Y 表示地区制造业的产出水平；其余变量含义与式（5–1）相同。

假设地区制造业分为高级产业和普通产业两个部门，高级制造业部门只生产高技术、高附加值的产品，其技术创新水平高于平均值；普通制造业部门负责生产高技术产品之外的其余产品，其技术创新水平低于平均值。高级产业部门的产出 Y^h，普通产业部门的产出为 Y^o。

用制造业高级产业部门的产出在地区制造业总产出中的占比表示制造业产业结构优化，有：

$$IS_i = \frac{Y_i^h}{Y_i} = \frac{A_i^h}{A_i} \left(\frac{K_i^h}{K_i} \right)^\alpha \left(\frac{L_i^h}{L_i} \right)^\beta \left(\frac{C_i^h}{C_i} \right)^\gamma \qquad\qquad (5-4)$$

从式（5–4）可以看出，地区制造业的产业结构优化水平受地区创新要素集聚的影响。在式中，由于高级产业部门的创新水平高于平均值，也就是 $c_i^h > c_i$，可以推知高级产业部门的创新要素集聚程度也要高于平均值。由此可知，随着创新要素集聚程度的增加，制造业产业结构优化水平会相应地提高。根据本书的界定，创新要素包含最基本的资本创新要素和人力创新要素两种，资本创新要素是创新过程的重要资金保障，为创新过程提供物质积累。人力创新要素指的是具有创新能力的人力资本，是整个创新过程的核心。在地区制造业发展过程中，创新要素集聚能够提高创新资本劳动比和创新资本与人力的匹配程度，促进协同创新效应的发挥，提高制造业高级产业部门的产出，进而提升区域制造业结构优化水平。

在式（5-4）的基础上，为了考察创新要素集聚对制造业结构优化的影响效应并消除模型的异方差性，对式（5-4）两边取对数，构建基准的计量经济模型，形式如下：

$$\ln STRU_{it} = c + \alpha \ln RDP_{it} + \sum_{i=1}^{n} \beta_i X_{it} + V_i + \varepsilon_{it} \qquad (5-5)$$

式中，i 表示省份；t 表示时间；因变量 $STRU$ 表示制造业产业结构优化水平，具体包括制造业产业结构合理化水平 ISR 和制造业产业结构高度化水平 ISH 两个方面；自变量 RDP 表示创新要素集聚水平；X 表示一系列控制变量；V 表示不随时间变化的不可观测的地区差异；ε 表示随机扰动项；c、α、β_i 表示对应变量的待估参数。

由于不同地区的制造业产业结构优化具有时间上的延续性，既包含当前影响因素的作用，也包含过去影响因素的作用。因此，为了反映制造业结构优化的动态变化，将计量经济模型设定为动态面板模型，形式如下：

$$\ln STRU_{it} = c + \varphi \ln STRU_{it-1} + \alpha \ln RDP_{it} + \sum_{i=1}^{n} \beta_i X_{it} + V_i + \varepsilon_{it}$$

$$(5-6)$$

式中，$\ln STRU_{it-1}$ 表示制造业产业结构优化的一阶滞后项，用以反映地区制造业产业结构优化的动态效应；φ 表示对应变量的待估参数，其余变量含义与前相同。

5.2　变量选取和数据来源

（1）被解释变量为制造业结构优化水平，分别从制造业结构合理化水平 *ISR* 和结构高度化水平 *ISH* 两个方面测度。具体数据已在 4.2 小节测算出，在此不再赘述。

（2）核心解释变量为创新要素集聚度。由于创新资金对创新人员流动具有导向作用，参照邹文杰[65]、余泳泽[61]的做法，用创新资金集聚度来衡量创新要素集聚水平，因此创新要素集聚用地区创新资金集聚度 *QRDP* 表示。另外，根据执行部门的不同，本章将区域创新主体主要分为企业、科研机构和高等院校三类，按照创新要素集聚的测度公式分别计算出企业创新资金集聚度 *ERDP*、科研机构创新资金集聚度 *YRDP* 和高等院校创新资金集聚度 *GRDP* 以表示不同创新主体的创新要素集聚水平。

根据研究需要，本章选取的控制变量分别为：

（1）经济发展水平 *PGDP*。地区经济发展是产业扩张和产业部门调整的基础，钱纳里的工业化阶段理论认为经济发展阶段是制造业内部结构转换和产业结构优化的重要因素。因此，本书选用人均 GDP 来衡量经济发展水平。

（2）对外开放度 *OPEN*。对外开放一方面能够通过吸引外资来增加资本存量，外资在产业间的不同分布状况会影响制造业产业结构；另一方面，对外开放可能会通过技术外溢效应带来技术进步，影响区域制造业产业结构优化。本书选用各地区实际利用 FDI 占地区 GDP 的比重表示对外开放程度。

（3）金融发展水平 *FIN*。金融市场是产业结构优化的重要推动力量，金融市场为企业发展提供了资金支持，促进了资源在产业间的合理配置。本书选用各地的金融机构贷款余额与地区 GDP 的比值来测度金融发展水平。

（4）政府行为 RCOM。在政府主导的发展模式下，地方政府可以通过财政补贴、放松环境管制、税收减免等方式影响区域经济发展。地方政府对经济活动的干预行为在要素流动和产业结构调整中具有重要作用。为了吸引更多优秀资源，增强经济发展实力，政府也会积极提高公共服务水平和改善公共品供给。根据赵勇和魏后凯[185]、赵永平和徐盈之[186]的认识，地方政府在经济活动的行为在要素流动、地区经济差距、产业结构调整中具有重要作用。本书提到的政府行为，指的是地方政府通过财政、税收、土地优惠政策等对产业结构产生影响的行为。因此，选用各地区政府财政支出占 GDP 比重来测度政府行为。

（5）城市化水平 URB。伴随着就业和产业结构向非农化方向转变，城市化极大地促进了人力资本在产业之间的转移，是产业结构升级的重要因素，城市化的本质是城镇人口的规模集聚。因此，选用城镇常住人口占地区总人口的比重来衡量城市化水平。

本书选取 2005～2017 年中国 30 个省份的相关数据进行分析（港澳台西藏数据缺失严重，故予以剔除），制造业的数据选用规模以上工业企业。考虑到我国不同区域间的资源禀赋、经济基础、区位优势、地理环境等存在较大的区域化差异，将省级数据按东部、中部和西部三个区域划分以进行研究。按照目前的划分，东部地区包括 11 个省份，中部地区包括 8 个省份，西部地区包括 11 个省份①。所有

---

① 东部地区 11 个省份是辽宁、北京、天津、河北、山东、上海、江苏、浙江、福建、广东、海南；中部地区 8 个省份是黑龙江、吉林、山西、安徽、江西、河南、湖北、湖南；西部地区 11 个省份是内蒙古、广西、重庆、四川、贵州、云南、陕西、甘肃、青海、宁夏、新疆。

数据均来源于2006～2018年的《中国科技统计年鉴》《中国工业统计年鉴》《中国金融年鉴》《中国人口和就业统计年鉴》及各省份统计年鉴，部分缺失数据采用插值法补充。

为了减小异方差产生的影响，对相关变量进行取对数处理。表5-1列示了主要变量的描述性统计分析结果。

表5-1 变量描述统计结果

变量名称	变量表示	均值	标准差	最小值	最大值	样本数
产业结构合理化	ISR	0.1691	0.1881	0.0236	1.5267	390
产业结构高度化	ISH	0.1071	0.0794	0.0067	0.4600	390
地区 R&D 经费集聚度	QRDP	0.8510	0.6313	0.1410	4.4523	390
企业 R&D 经费集聚度	ERDP	0.8801	0.3371	0.0577	2.5518	390
科研机构 R&D 经费集聚度	YRDP	1.0450	1.8792	0.1056	10.8275	390
高等院校 R&D 经费集聚度	GRDP	1.0049	0.9361	0.1171	5.7418	390
经济发展水平	PGDP	10.3742	0.6353	8.5275	11.7675	390
对外开放	OPEN	0.0243	0.0188	0.0001	0.1145	390
金融发展水平	FIN	0.7285	0.2388	0.0277	2.9584	390
政府行为	RCOM	0.2171	0.0954	0.0798	0.6269	390
城市化	URB	0.5296	0.1396	0.2686	0.8961	390

资料来源：笔者计算。

5.3 实证结果与分析

动态面板模型能够很好地反映中国制造业结构优化的动态变化，

但由于模型中解释变量包含了被解释变量的滞后项，这可能会使解释变量与随机扰动项之间存在相关性而引起内生性问题。传统的最小二乘法、极大似然法等估计方法无法保证参数估计量的无偏性和一致性，使得模型估计结果违背实际经济意义。广义矩估计（GMM）方法对随机扰动项的要求较为宽松，若扰动项存在异方差和自相关，GMM 估计可以得到更有效的参数估计量，通过恰当使用工具变量，克服回归过程中可能存在的内生性问题。广义矩估计方法包括差分广义矩估计（Diff-GMM）和系统广义矩估计（Sys-GMM）两种形式，阿雷拉诺和博韦尔（Arellano & Bover）[187]提出的差分 GMM 估计，将所有可能的滞后变量作为工具变量，对差分处理后的方程进行 GMM 估计，差分 GMM 估计虽然在一定程度上解决了内生性问题，但其前提是随机扰动项无自相关，同时如果解释变量的持续性较强，则该方法不适用[188]。为此，布伦德尔和邦德（Blundel & Bond）[189]在差分 GMM 估计基础上提出系统广义矩估计（Sys-GMM）方法，系统广义矩估计（Sys-GMM）将水平 GMM 估计和差分 GMM 估计相结合，在估计中将差分项的滞后变量作为工具变量引入，有效解决了弱工具变量问题且比差分广义矩估计更为有效。因此，本书采用系统广义矩估计（Sys-GMM）方法对创新要素集聚影响中国制造业结构优化的动态面板模型进行估计。

5.3.1　全国层面的制造业结构优化效应

按照所构建的计量模型，表 5-2 显示了全国层面的创新要素集聚对制造业结构合理化和高度化影响的动态面板 Sys-GMM 回归估计结果。

表5-2　　　　　全国制造业结构合理化和高度化的回归估计结果

变量	产业结构合理化		产业结构高度化	
	（1）	（2）	（3）	（4）
L. ISR	0.969 *** (0.008)	0.767 *** (0.030)		
L. ISH			0.567 *** (0.010)	0.575 *** (0.018)
lnQRDP	-0.199 *** (0.022)	-0.265 *** (0.062)	0.409 *** (0.016)	0.096 ** (0.045)
lnPGDP		-0.093 ** (0.040)		-0.141 ** (0.061)
RCOM		-1.037 *** (0.360)		-0.249 * (0.177)
OPEN		0.703 (0.930)		0.086 (0.431)
FIN		-0.133 *** (0.010)		0.158 *** (0.009)
URB		-0.174 * (0.448)		1.962 *** (0.392)
常数项	-0.202 *** (0.026)	0.762 * (0.256)	-0.925 *** (0.016)	-0.683 * (0.402)
P	0.000	0.000	0.000	0.000
Art(1) 检验 P 值	0.003	0.000	0.000	0.000
Art(2) 检验 P 值	0.337	0.323	0.674	0.799
Sargan 检验 P 值	0.905	0.917	0.898	0.923

注：括号中的数字是标准误；*** 代表 $P<0.01$，** 代表 $P<0.05$，* 代表 $P<0.1$。
资料来源：笔者计算。

　　模型以地区创新要素集聚作为核心解释变量，并在估计过程中逐步引入控制变量进行回归估计。列（1）和列（2）是制造业产业结构合理化的回归估计结果，列（1）是在回归模型中仅引入地区创新要素集聚度进行回归，列（2）是在此基础上引入控制变量进行回归；列（3）和列（4）是制造业产业结构高度化的回归估计结果，列（3）是在回归模型中仅引入地区创新要素集聚度进行回归，列（4）是在此基础上包含控制变量进行回归。上述回归模型中制造业结构合理化水平和高度化水平的一阶滞后项 $L.ISR$ 和 $L.ISH$ 的估计系数在1%的置信水平下均显著为正值，说明制造业产业结构合理化水平和高度化水平的变化在时间上具有明显的持续性。Sargan 过度识别检验和 Art(2) 检验表明，动态面板模型设定较为合理，选择的估计方法较为有效。

列（1）和列（2）的计量模型被解释变量为制造业结构合理化，由于测度制造业产业结构合理化水平的指标为泰尔指数，泰尔指数与产业结构合理化之间是负相关关系，变量的回归系数为负，说明产业结构趋向合理化。列（1）回归结果显示，地区创新要素集聚的估计系数为负值，且通过1%水平的显著性检验，列（2）引入控制变量以后，地区创新要素集聚的估计系数方向保持不变，且依然通过显著性检验，说明创新要素集聚确实能够显著促进制造业结构合理化水平提升。从经济意义来看，引入控制变量后，创新要素集聚程度每提高一个单位，制造业结构合理化指数就会相应提高0.265个单位。这说明创新要素在地区间的地理集中有利于大学、企业和科研机构之间相互配合并开展合作交流活动，优化了创新要素的配置，缩短研发时间，降低了研发风险，提高了研发效率，有助于要素集聚规模效应和创新协同效应的发挥，有力提升了区域创新水平并能够将创新活动与制造业的产业发展有效融合，明显促进了制造业行业间的协调程度和行业间聚合质量的提升，对制造业产业结构合理化有正向的影响。

列（3）和列（4）的计量模型被解释变量为制造业结构高度化，列（3）回归结果显示，地区创新要素集聚的估计系数为正值，且通过显著性检验；列（4）引入控制变量后，地区创新要素集聚的估计系数方向保持不变，且依然通过显著性检验，意味着地区创新要素集聚对制造业结构高度化水平具有明显促进作用。从经济意义来看，引入控制变量后，创新要素集聚程度每提高一个单位，制造业结构高度化指数就会相应提高 0.096 个单位。这说明创新要素集聚是高技术产业发展的重要保障，技术创新为高技术产业的发展提供了有力支撑。创新要素投入的增加对创新产出具有积极作用，尤其是资本创新要素投入的影响更大。资本创新要素在地区间的集聚带来了资本深化效应，提高了高精尖技术的研发能力，显著提升了高技术产业产值，推动制造业从劳动密集型产业向资本和技术密集型产业转变，促进制造业产业结构的高度化发展。同时，由于高端技术的研发大多属于资本密集型活动，研发耗时长且研发难度大，所以资本创新要素集聚通过高端产业技术水平的提升推动制造业从低端产业向高端产业转换的作用相对较小。

各控制变量对制造业结构合理化和高度化的影响有所差异。经济发展水平对制造业结构合理化的促进作用明显，却显著阻碍了制造业结构高度化发展。这可能是由于目前经济发展状况与经济高质量发展还有距离，对高技术产业的发展尚未形成有利的经济环境。政府行为能够明显地促进制造业结构的合理化发展，而对产业结构高度化的进程具有显著抑制作用。这说明，现阶段在政府主导的区域发展模式下，各级政府通过财政补贴、税收减免、基础设施建设等方式影响了制造业的产业布局，有利于制造业各产业间的协调发展，提高了制造业结构合理化水平；但是地方政府的行为却不利于资源空间配置效率的提高，抑制了产业空间结构调整和高技术产业的发展，对制造业结构的高度化发展具有负向影响。对外开放对制造业产业结构合理化和高度化的作用不显著，可能是因为，一方面中国吸引的外商投资在制造业各行业间存在结构性配置不均衡的问题，其在产业结构合理化进程中的作用未能充分发挥；另一方面，中国吸引的对外投资大部分集中于制造业低端环节的生产加工和组装，而高端的研发环节吸引的对外投资较少，由外资技术溢出产生的技术进步效应也较小，其对高技术产业发展的积极作用未能得到体现。因此，制造业在产业结构优化过程中应坚持国际市场与国内市场相结合，以加速其产业价值链的触角向国际延伸，在国际分工中抢占有利位置，从而实现产业价值链的高端跃迁。金融发展水平对制造业结构合理化和结构高度化的影响均显著为正值，说明中国当前的金融环境有利于创新要素流动，为制造业结构合理化和高度化发展提供了良好的投融资外部环境支持。城市化对制造业结构合理化和结构高度化具有显著正向影响，说明随着城市化水平提高，劳动力向非农产业的转移能够促进制造业各行业的协调发展，并推动制造业向高技术和高端方向转变。

5.3.2　不同创新主体的制造业结构优化效应

由于 R&D 活动的执行机构主要包括企业、科研机构和高等院校三类，为此，通过动态面板模型进一步考察不同创新主体的创新要素集聚对制造业结构优化的影响效应，继续使用 Sys-GMM 回归估计方法，具体的回归结果见表 5-3 和表 5-4。

表 5-3 中列（1）~列（3）的计量模型被解释变量为制造业结构合理化。列（1）是企业的创新要素集聚对制造业结构合理化的回归估计结果，列（2）是科研机构的创新要素集聚对制造业结构合理化的回归估计结果，列（3）是高等院校的创新要素集聚对制造业结构合理化的回归估计结果。从上述回归估计结果可以看出，企业的创新要素集聚程度每提高 1 个百分点，地区制造业结构合理化水平提高

0.078 个百分点；科研机构的创新要素集聚程度每提高 1 个百分点，地区制造业结构合理化水平提高 0.050 个百分点；高等院校的创新要素集聚程度每提高 1 个百分点，地区制造业结构合理化水平提高 0.286 个百分点。这说明企业、科研机构和高等院校的创新要素集聚对制造业结构合理化均具有显著正向影响。

表 5 – 3   不同创新主体的产业结构合理化回归估计结果

变量	产业结构合理化		
	(1)	(2)	(3)
L. ISR	0.741 *** (0.037)	0.752 *** (0.031)	0.721 *** (0.037)
lnERDP	− 0.078 ** (0.044)		
lnYRDP		− 0.050 * (0.027)	
lnGRDP			− 0.286 *** (0.030)
lnPGDP	− 0.061 * (0.036)	− 0.053 (0.045)	− 0.162 *** (0.044)
RCOM	− 0.558 *** (0.199)	− 0.554 *** (0.343)	− 1.214 *** (0.261)
OPEN	0.758 (0.913)	1.439 (1.006)	0.011 (1.420)
FIN	− 0.154 *** (0.017)	− 0.151 *** (0.013)	− 0.131 *** (0.016)
URB	− 0.943 ** (0.468)	− 0.856 * (0.481)	0.522 (0.468)
常数项	0.772 *** (0.225)	0.621 ** (0.241)	1.069 *** (0.285)
P	0.000	0.000	0.000

续表

变量	产业结构合理化		
	（1）	（2）	（3）
Art(1) 检验 P 值	0.003	0.000	0.004
Art(2) 检验 P 值	0.211	0.245	0.263
Sargan 检验 P 值	0.949	0.935	0.895

注：括号中的数字是标准误；***、**、*分别代表1%、5%、10%的显著性。
资料来源：笔者计算。

　　表 5－4 中列（1）~列（3）的计量模型被解释变量为制造业结构高度化。列（1）是企业的创新要素集聚对制造业结构高度化的回归估计结果，列（2）是科研机构的创新要素集聚对制造业结构高度化的回归估计结果，列（3）是高等院校的创新要素集聚对制造业结构高度化的回归估计结果。由上述回归估计结果可以看出，企业创新要素集聚的估计系数为 0.193，且通过 1% 水平上的显著性检验；科研机构和高等院校创新要素集聚的估计系数分别为 0.243 和 0.314，且均通过显著性检验。这说明企业、科研机构和高等院校的创新要素集聚均能够促进地区制造业结构高度化水平提升。

表 5－4　　　不同创新主体的产业结构高度化回归估计结果

变量	产业结构高度化		
	（1）	（2）	（3）
$L.ISH$	0.565 *** （0.021）	0.576 *** （0.013）	0.535 *** （0.030）
$\ln ERDP$	0.193 *** （0.039）		
$\ln YRDP$		0.243 ** （0.030）	
$\ln GRDP$			0.314 *** （0.032）

续表

变量	产业结构高度化		
	（1）	（2）	（3）
ln*PGDP*	− 0.092 ** （0.054）	− 0.030 （0.055）	− 0.040 （0.055）
RCOM	− 0.463 ** （0.119）	− 0.236 （0.208）	− 0.291 （0.266）
OPEN	0.460 （2.199）	2.568 （1.593）	0.683 （1.140）
FIN	0.159 *** （0.007）	0.154 *** （0.009）	0.155 *** （0.014）
URB	1.699 *** （0.319）	0.846 *** （0.403）	0.956 （0.617）
常数项	− 1.037 ** （0.431）	− 1.181 *** （0.391）	− 0.220 *** （0.287）
P	0.000	0.000	0.000
Art（1）检验 *P* 值	0.000	0.000	0.000
Art（2）检验 *P* 值	0.970	0.206	0.751
Sargan 检验 *P* 值	0.913	0.931	0.910

注：括号中的数字是标准误；*** 、** 分别代表1%、5%的显著性。
资料来源：笔者计算。

从表5-3和表5-4的回归结果发现，相比于企业和科研机构，高等院校的创新要素集聚更有利于促进制造业结构的合理化和高度化。对此可能的解释是，高等院校拥有较好的科研管理体制和激励机制，同时在不同领域聚集了大量研究人员和顶尖的科研人才，综合科研实力较强[190]，创新资金的集聚能够较为容易地与科研人才实现匹配，从而提升 R&D 资源的配置效率。近年来，随着地方政府的支持和科研转化政策的落实，高等院校和企业以共建研究中心、研究所和实验室的方式不断加深双方的合作研发。大学科技园将教学、科研和产业融合在一起，发展成为技术创新、人才培养、高技术产业辐射催化和企业孵化的基地，提高了将科研成果转化为新技术的能力，成为推动经济发展和促进产业结构优化的重要力量。企业作为技术创新的主导力量，虽然每年国家对企业的 R&D 经费投入数量最多，但是其研发资金集聚对制造业结构优化的影响效应较低，这说明我国企业的 R&D 活动组织和管理水平低下，研发动机不足，运行机制不够健全，研发效率较低，企业的研发活动与制造业转型发展的要求相差较远。创新作为风险性较高的活动，投资容易形成沉没成本，部分企业不愿也无力开展创新活动，因此，企业创新资金集聚难以充分发挥"创新集聚"优势，导致创新要素转换力度不够，尤其是欠缺对高技术产业的技术和研发能力突破[191]。另外，科研机构的 R&D 人员虽然整体素质较高，但体制僵化带来的创新激励不足使其缺乏活力，创新资金的集中并未实现与创新人员的最优匹配，因此要素集聚的效率仍然较低，影响了将科学技术转化为现实生产力的能力，导致对制造业结构合理化的促进作用发挥不够。这也说明创新要素在不同主体间的配置有待进一步改进，R&D 投资应更多地倾斜于高等院校，同时还应努力提高企业和科研机构 R&D 投资的使用效率[192]，以创新提升制造业的结构优化水平。

5.3.3　不同地区的制造业结构优化效应

本书对创新要素集聚的描述统计分析发现，创新要素在不同地区的分布很不均衡。同时，由于中国经济发展区域差距较大，制造业产业结构优化也存在较大的区域差异。为了探寻创新要素集聚对制造业结构优化的影响是否存在区域差异，将全国省份划分为东部、中部和西部三个区域，分别考察区域异质性产生的影响。参考李梅和柳士昌[193]的做法，通过引入虚拟变量，将西部地区作为参照系，引入两个虚拟变量分别为东部地区（east）和中部地区（central），构建如下计量模型形式：

$$\ln STRU_{it} = c + \varphi \ln STRU_{it-1} + \alpha_1 \ln RDP_{it} + \alpha_2 east \times \ln RDP_{it}$$

$$+ \alpha_3 central \times \ln RDP_{it} + \sum_{i=1}^{n} \beta_i X_{it} + V_i + \varepsilon_{it} \quad (5-7)$$

式中，i 表示省份；t 表示时间；$STRU$ 表示制造业的结构优化水平，分别用产业结构合理化水平 ISR 和产业结构高度化水平 ISH 表示；$STRU_{it-1}$ 表示制造业结构优化水平的一阶滞后项；RDP 为创新要素集聚水平，用区域创新资金集聚度 $QRDP$ 表示；X 表示一系列控制变量，V 表示不随时间变化的不可观测的区域差异；ε_{it} 表示随机扰动项；c、φ、α_1、α_2、α_3、β_i 表示对应变量的待估参数。

为了与全国层面的估计结果进行对比分析，式（5-7）选取的控制变量与式（5-6）保持一致，即控制变量 X 分别为经济发展水平（$PGDP$）、对外开放程度（FDI）、金融发展水平（FIN）、政府行为（$RCOM$）和城市化水平（URB）。考虑到模型估计中可能出现的内生性问题，本书继续使用 Sys-GMM 回归估计方法。分区域的创新要素集聚影响制造业结构合理化和结构高度化的回归结果分别见表5-5、表5-6和表5-7。

从表5-5、表5-6和表5-7可以看出，分区域的所有回归模型中，被解释变量的一阶滞后项的回归系数都显著为正，说明东部、中部和西部地区制造业产业结构优化水平的变化在时间上具有明显的持续性。同时 Sargan 检验和二阶序列相关检验均通过，说明各模型得到的 GMM 值是无偏和一致的，意味着动态面板计量模型设定合理，选用的 Sys-GMM 估计方法有效。

表 5 − 5　　　　　东部地区制造业产业结构优化回归估计结果

变量	产业结构合理化	产业结构高度化
L. ISR	0. 657 *** (0. 028)	
L. ISH		0. 495 *** (0. 028)
lnQRDP	− 0. 543 *** (0. 044)	− 0. 520 *** (0. 121)
lnPGDP	− 0. 217 *** (0. 044)	− 0. 227 *** (0. 052)
RCOM	− 0. 695 *** (0. 177)	− 0. 870 *** (0. 124)
OPEN	− 0. 397 (0. 718)	1. 387 (1. 314)
FIN	− 0. 157 *** (0. 011)	0. 183 *** (0. 011)
URB	0. 277 (0. 414)	3. 644 *** (0. 465)
常数项	1. 646 *** (0. 245)	− 0. 809 *** (0. 270)
P	0. 000	0. 000
Art(1) 检验 P 值	0. 003	0. 000
Art(2) 检验 P 值	0. 198	0. 614
Sargan 检验 P 值	0. 911	0. 934

注：括号中的数字是标准误；*** 代表 1% 的显著性。
资料来源：笔者计算。

　　东部地区创新要素集聚影响制造业结构合理化和高度化的回归结果参见表 5 − 2。估计结果显示，区域创新要素集聚对制造业结构合理化影响的估计系数为负值且通过 1% 水平上的显著性检验，说明区域创新要素集聚显著促进了制造业结构合理化水平提升；区域创新要素集聚对制造业结构高度化影响的估计系数显著为负值，说明东部地区创新要素集聚对制造业结构的高度化发展具有不利影响。这可能是因为东部地区经济发展水平较高，凭借其得天独厚的区位优势，以京津冀、长三角、珠三角为代表地区率先发展，较高的对外开放程度吸引了国外大量资源流入，充分释放了本区域的发展潜能，良好的市场经济条件为制造业转型发展提供了有利条件，优越的发展环境吸引大量创新资源集聚，与全国平均水平相比，创新资金投入数量较高且在地理空间大量集中的现象较为突出；并且，东部地区拥有企业数量众多，企业的创新资金投入远高于中西部地区，其创新活动也更为活跃，广东、江苏、上海、浙江等地培育了大批具有核心竞争力的企业，成为全国创新驱动发展的先行者。东部地区领先的技术、资金优势带来了较高的边际效应，劳动生产率的差异化吸引大量创新要素进入，提升了制造业产业间聚合质量，推动了产业间协调发展，促进了制造业产业结构合理化调整；但由于高等院校、科研机构等数量较多，区域创新资金过度集中导致创新要素比例失调并出现了拥堵效应，资本创新要素的配置与高技术产业的发展要求存在一定差距，不利于制造业结构高度化发展。

中部地区的制造业结构合理化和高度化的回归结果参见表 5-6。估计结果显示，区域创新要素集聚对制造业结构合理化水平和结构高度化水平均具有不利影响。这可能是因为中部地区制造业数量庞大，集聚了大量关系国民经济命脉的战略产业，同时也承接部分东部地区的产业转移，制造业产业结构优化速度较东部地区缓慢。随着中部崛起战略的实施，大量资本创新要素进入中部地区，区域创新要素由于分布不合理，与相关产业的关联和匹配不够，要素错配现象较为严重，与制造业结构合理化和高度化的要求差距较大，影响了制造业产业结构优化进程。此外，尽管中部地区科研院所数量较多，但企业与科研机构、高等院校的产学研活动结合不够密切，创新要素在各主体间的配置不够合理，要素集聚效率较低，区域创新资金集聚未能将行业内较为分散的研发活动集中起来以有效促进技术进步，尤其是在高精尖技术研发方面较为滞后，对产业的技术水平提升作用尚未表现出来，创新要素转换为现实生产力的力度不够，从而影响了产业间聚合能力和质量的提高，并对制造业向高端方向转型发展具有负向作用，不利于制造业的结构优化。

表 5 – 6　　　　中部地区制造业产业结构优化回归估计结果

变量	产业结构合理化	产业结构高度化
L. ISR	0. 753 *** (0. 034)	
L. ISH		0. 492 *** (0. 017)
lnQRDP	0. 239 ** (0. 118)	− 1. 066 *** (0. 198)
lnPGDP	− 0. 063 (0. 039)	− 0. 227 *** (0. 042)
RCOM	− 0. 403 *** (0. 135)	− 0. 657 *** (0. 160)
OPEN	1. 059 (0. 950)	2. 169 (2. 136)
FIN	− 0. 148 *** (0. 014)	0. 190 *** (0. 017)
URB	− 0. 828 * (0. 445)	3. 083 *** (0. 263)
常数项	0. 740 *** (0. 215)	− 0. 723 ** (0. 336)

变量	产业结构合理化	产业结构高度化
P	0.000	0.000
Art(1) 检验 P 值	0.003	0.000
Art(2) 检验 P 值	0.240	0.545
Sargan 检验 P 值	0.941	0.878

注：括号中的数字是标准误；***、**、*分别代表1%、5%、10%的显著性。
资料来源：笔者计算。

西部地区的制造业结构合理化和高度化的回归结果参见表5－7。估计结果显示，区域创新资金集聚对制造业结构合理化水平具有显著负向作用，对制造业结构高度化水平影响显著为正值。对此可能的解释是，西部地区创新要素投入相对缺乏，随着西部大开发战略的推进，西部地区充分利用后发优势，借助政府在研发投入等方面的资金支持，资本创新要素投入逐渐增加，要素配置效率提升较大，要素的累积效应和集聚的规模效应开始显现。企业、高等院校和科研机构等创新主体合作交流密切，迅速提高了科技成果转化速度。借助政府的研发支持，企业创新资金集聚产生的规模效应有利于价值链高端环节的技术创新，使企业容易突破核心技术和关键技术的研发，从而获得技术垄断优势，在相应的产业基础支撑下，能够在短期内通过技术模仿和移植等方式，实现弯道超车，从而迅速提升了区域高技术产业的技术水平，极大地改善了传统的工业基础，有效推动了高技术产业和高附加值产业的发展。随着高新技术企业数量的增加和辐射作用的不断增强，资本创新要素集聚对制造业结构高度化发展的边际贡献率不断增加，对地区产业结构的高度化发展起到积极的推动作用。但由于西部地区市场机制不够健全，生产要素不能充分自由流动[123]，资本创新要素在产业间配置不均衡，其地理集聚对产业结构合理化进程产生抑制作用。

表 5 – 7　　　　　　西部地区制造业产业结构优化回归估计结果

变量	产业结构合理化	产业结构高度化
L. ISR	0. 780 *** (0. 033)	
L. ISH		0. 383 *** (0. 017)
lnQRDP	0. 205 *** (0. 052)	0. 844 *** (0. 058)
lnPGDP	− 0. 033 (0. 029)	− 0. 055 * (0. 032)
RCOM	− 0. 020 (0. 232)	− 0. 305 ** (0. 149)
OPEN	1. 227 (1. 076)	− 0. 153 (1. 237)
FIN	− 0. 150 *** (0. 009)	0. 155 *** (0. 009)
URB	− 1. 286 *** (0. 226)	1. 481 *** (0. 298)
常数项	0. 666 *** (0. 221)	− 1. 589 *** (0. 200)
P	0. 000	0. 000
Art(1) 检验 P 值	0. 003	0. 000
Art(2) 检验 P 值	0. 176	0. 739
Sargan 检验 P 值	0. 927	0. 897

注：括号中的数字是标准误；*** 、** 、* 分别代表1% 、5% 、10% 的显著性。
资料来源：笔者计算。

5.3.4　稳健性检验

为了检验创新要素集聚影响制造业结构优化的动态面板实证结果

是否稳健，本书采用改变样本范围的方法对估计结果进行稳健性检验。在改变样本范围时，分别删除 2005 年和 2017 年数据，将 2005～2016 年和 2006～2017 年的样本分别进行回归估计。检验发现，2005～2016 年和 2006～2017 年的回归估计结果中，核心解释变量的作用方向均未发生明显改变，仅个别回归系数的数值和显著性有所变化。这说明本书的计量模型设定较为合理，回归估计结果是比较可靠的。

5.4　本章小结

　　结合第 3 章的理论分析，在对制造业结构优化测度的基础上，本章利用全国 30 个省份的相关数据建立动态面板计量模型，采用 Sys-GMM 回归估计方法实证检验创新要素集聚对制造业结构优化的影响。由于制造业结构优化的内涵涵盖产业结构合理化和产业结构高度化两个维度，因此，本章的实证研究分别从创新要素集聚影响制造业结构合理化和结构高度化这两个方面展开分析。使用第 4 章测度得出的创新要素集聚相关数据，分别从全国和区域两个视角出发进行实证检验；在此基础上，将创新主体主要分为企业、科研机构和高等院校三类，考虑到不同创新主体创新要素集聚的程度存在差异，进一步考察了不同创新主体的创新要素集聚对制造业结构优化的影响效应，得出以下结论：

　　（1）创新要素集聚是影响制造业结构优化的重要因素。从全国层面来看，地区创新要素集聚对制造业结构合理化和高度化水平均具有显著的正向影响。地区的创新要素集聚能够优化创新要素配置，一方面，有助于要素集聚规模效应和创新协同效应的发挥，明显促进了制造业行业间的协调程度和行业间聚合质量的提升，对制造业结构合理化有着正向的影响；另一方面，资本创新要素集聚带来了资本深化效应，提升了高精尖技术的研发能力，推动制造业从劳动密集型产业向资本和技术密集型产业转变，促进制造业产业结构高度化水平提高。

（2）从不同的创新主体来看，企业、科研机构和高等院校的创新要素集聚均对制造业结构优化具有积极作用，且对产业结构高度化的影响效应要大于对合理化的影响效应；相比于企业和科研机构，高等院校的创新要素集聚更有利于促进制造业的结构优化。

（3）从不同区域来看，创新要素集聚的制造业结构优化效应在东部、中部和西部地区存在明显异质性。东部地区的区域创新要素集聚对制造业结构合理化发挥了积极影响，而对制造业结构高度化具有不利影响；中部地区的创新要素集聚对制造业的结构合理化和高度化发展均产生了负向影响。西部地区的创新要素集聚不利于制造业结构合理化，而对制造业结构高度化具有明显促进作用。

第6章 创新要素集聚影响制造业结构优化的空间溢出效应

　　创新是驱动经济发展的核心要素，也是推动产业结构优化的中坚力量。当前，中国经济发展步入了新时代，经济增长面临转换动力、优化结构、提质增效的重要挑战。但长期以来形成的"投资驱动"和"要素驱动"发展模式严重阻碍了经济发展质量的提升。党的十九大提出实现中国经济增长动力转换与结构调整的重要途径在于变革质量、效率和动力，必须要坚持"创新、协调、绿色、开放、共享"的发展理念，以"创新驱动"的方式推动经济高质量发展。在中国经济高速增长的过程中，经济活动在地理空间上不断汇集，这使得中国区域发展分化、区域经济不平衡的问题日渐突出。与其他经济活动相比，创新更倾向于在地理空间集聚，创新要素的空间分布决定了创新活动的空间格局。内生经济理论认为，创新要素和知识溢出是创新和技术进步的源泉，不同经济主体在交流过程中发生的知识传播，会随着传播距离发生扭曲和失真，因此，知识溢出具有受距离影响而出现衰减的特征[194]。伴随着创新要素的流动，创新要素的地理集聚形成的"知识池"促进知识溢出效应的发挥，使得要素的配置和使用效率更高，降低技术创新的成本和不确定性[195]，有力地推动区域技术进步和产业发展。近年来，经济要素地理集聚在经济增长中的表现越来越突出，创新要素在不同地区、不同时期的地理集聚也相应地发生巨大变化。地理学第一定律（first law of geography）表明，任何事物都与其他事物相关，而且越是距离相近的事物关联性更强。各地区创新要素的流动及集聚并非相互独立，某个地区的创新要素集聚可能会受到其他地区的影响，因此增强了创新要素集聚的空间关联性[76]。创新要素集聚水平高的地区与其邻近地区往往具有相似属性，同时创新要素集聚水平低的地区常常聚集在一起，创新要素集聚通过空间溢出对周围地区产生技术外溢，从而影响地区制造业的发展。

在全球制造业格局调整和新一轮产业变革的背景下，中国制造业的优化升级问题迫在眉睫，为了提升经济发展质量，增强制造业的国际竞争力，必须发挥创新对制造业结构优化的驱动作用。创新与制造业产业结构之间的关系引起学者的日益关注，在集聚效应逐渐凸显的条件下知识溢出对创新的积极作用得到了学者的广泛认同，然而在要素集聚的视角下，以创新要素集聚为对象的研究较少，有关创新要素集聚影响制造业结构优化空间分异特征和空间溢出效应的研究更少。经济在地理空间的集聚成为工业化进程的一个显著特征[196]，那么创新要素集聚对制造业结构优化的影响是否存在空间差异和空间溢出效应？其作用机制又有怎样的特征？为此，在第 5 章的基础上，本章进一步拓展研究，将各地区创新要素集聚与其空间关联性联合起来，结合前义对创新要素集聚和制造业结构优化的测度，通过构建空间计量模型，从制造业结构合理化和高度化两个维度深入分析创新要素集聚及其空间溢出对制造业结构优化的影响，以探寻实现制造业结构优化的有效途径，这对于经济增长动力转换具有重要的现实意义。

6.1　空间计量模型构建

6.1.1　空间相关性检验

空间计量经济分析的一个重要内容就是检验研究对象的空间相关性，这是运用空间计量模型进行回归分析的前提条件。只有通过了空间模式检验，存在空间相关性的研究对象接下来才能建立空间计量模型。依据研究对象的不同样本范围，空间相关性检验分为全局检验和局部检验两种。全局空间相关性检验是对全部空间单元在地理空间上的分布模式和整体分布特征进行测度的检验方法，通过计算整个区域的一个均值作为测度值来进行检验。局部空间自相关检验测度的是部分空间单元在地理空间上的分布特征，测度值会随着空间单元地理位置的不同发生变化[197]。空间自相关在对经济活动的空间过程和空间模式等方面解释时能够挖掘出传统经济学研究方法之外的重要新信息，因此，在空间计量分析中，空间相关性检验尤为重要。在进行全局空间相关性检验时，常用的测度方法是计算 Moran's I 指数、Getis-ord 指数和 Geary's C 指数三种。局部空间自相关检验主要用 Moran 散点图、G 统计量和 LISA 图来测度[198]。一般来说，Moran's I 检验对观测单元的极值非常敏感且方法更具有稳健性，是空间统计检验中最常用的一种方法[199]。因此，本书采用 Moran's I 指数来判断空间邻近地区创新要素集聚的相关性。

全局 Moran's I 指数用来检验变量整体的空间自相关性，其计算公式为：

$$\text{Moran's I} = \frac{N \sum\limits_{i=1}^{N} \sum\limits_{j=1}^{N} w_{ij(x_i - \bar{x})(x_j - \bar{x})}}{\sum\limits_{i=1}^{N} (x_i - \bar{x})^2 \sum\limits_{i=1}^{N} \sum\limits_{j=1}^{N} w_{ij}}$$

$$= \frac{\sum\limits_{i=1}^{N} \sum\limits_{j \neq i}^{N} w_{ij(x_i - \bar{x})(x_j - \bar{x})}}{S^2 \sum\limits_{i=1}^{N} \sum\limits_{j=1}^{N} w_{ij}} \qquad (6-1)$$

式中，N 为地区总数；w_{ij} 为地区 i 和地区 j 的空间权重，由 w_{ij} 构成的矩阵为对称矩阵；x_i 和 x_j 分别为地区 i 和地区 j 的变量观测值；$\bar{x}$ 为变量观测值的均值，S^2 为变量观测值的方差。

全局 Moran's I 指数取值范围为 [-1,1]，数值大于 0 表示空间正相关，即高值 - 高值相邻、低值 - 低值相邻；数值小于 0 表示空间负相关，即高值 - 低值相邻、低值 - 高值相邻；数值等于 0 表示空间不相关，即变量在空间上是随机分布的。

局部 Moran's I 指数（local Moran index）I_i 用来检验局部地区是否存在相似或相异观察者集聚的现象，其计算公式为：

$$I_i = \frac{(x_i - \bar{x}) \sum\limits_{j \neq i}^{N} w_{ij(x_j - \bar{x})}}{S^2 \sum\limits_{i=1}^{N} \sum\limits_{j=1}^{N} w_{ij}} \qquad (6-2)$$

式中，N 为地区总数；w_{ij} 为地区 i 和地区 j 的空间权重；x_i 和 x_j 分别为地区 i 和地区 j 的变量观测值；$\bar{x}$ 为变量观测值的均值；S^2 为变量观测值的方差。

I_i 为正值，表明一个地区的高值（或低值）被周围地区的高值（或低值）包围；I_i 为负值，表明一个地区的低值（或高值）被周围地区的高值（或低值）包围。

6.1.2 空间计量模型设定

主流经济学理论是在地理空间同质性的假定下展开分析的，但是地区间经济活动并非彼此独立，这一假定条件在现实生活中并不满足。当经济变量之间具有空间关联性和空间依赖性时，传统的计量模型在回归分析时容易产生有偏的估计结果，这就需要采用空间计量方法来解决此问题。1974 年，荷兰经济学家佩林克（Paelinck）率先提出了空间计量经济学的概念，之后到 1988 年，安塞林（Anselin）提出了新的空间计量经济学的定义并对空间计量经济学的研究方法做了全面介绍，并于 2006 年对空间计量经济学的研究领域进行了详细阐述。21 世纪以来，随着空间计量经济学的研究不断加深，其应用领域也逐步扩大。空间计量经济学引入对空间依赖性和空间异质性的考察，因而无法满足高斯—马尔科夫的经典假定条件，依据其理论建立的空间计量模型能够通过引入一个空间权重矩阵来修正传统回归模型中的统计误差，并且能够从时间和空间来识别和测度观察单元的溢出效应[200]。根据经济活动存在的空间相互作用，可以设定空间计量模型进行回归分析。大体而言，空间计量模型包括空间滞后模型（SLM）和空间误差模型（SEM）两类。空间滞后模型与时间序列模型有类似之处，其空间关联性主要体现在变量上，可以用来探讨相邻地区经济行为对系统内其他地区的影响，进而分析变量在不同地区的溢出和扩散效应。由于空间滞后模型的空间关联性主要体现在邻近地区因变量滞后项上，模型形式与时序数列的自回归模型相似，因此又叫作空间自回归模型（SAR）。空间误差模型的空间关联性主要体现在随机扰动项上，可以用来研究具有空间关联的地区通过随机扰动项对本地区的影响。

若经济变量之间存在空间关联性，仅从自身角度考虑解释变量不足以反映该变量的变化趋势，有可能遗漏展现空间依赖的变量，为了控制空间结构产生的影响，可在标准回归模型中引入滞后的因变量构成空间自回归模型（SAR），即：

$$Y = \rho WY + X\beta + \varepsilon \qquad (6-3)$$
$$\varepsilon \sim N(0, \sigma^2 I)$$

式中，Y 是因变量；W 是空间权重；X 是自变量；ε 是随机扰动项；I 是 n 阶单位矩阵；σ^2 是方差；ρ 是空间自回归系数；β 是模型待估参数。

空间误差模型（SEM）的随机扰动项显示出空间的相关性，意味着每个空间位置上的随机扰动项是其空间邻近位置上的随机扰动项的函数，即：

$$u_i = \lambda \sum_{j=1}^{N} w_{ij} u_i + \varepsilon_i \qquad (6-4)$$

式中，λ 为误差项的空间自相关系数；ε_i 为服从标准正态分布的扰动项；u_i 为具有空间相关结构的扰动项。

因此，空间误差模型（SEM）的基本形式可以表示为：

$$Y = X\beta + u \qquad (6-5)$$
$$u = \lambda Wu + \varepsilon$$

由于空间相依性的存在，传统的计量估计方法不再适用。目前，空间模型估计最常用的估计方法有最大似然估计法、基于稳健的非正态的广义矩估计法、基于贝叶斯的马尔科夫—蒙特卡洛估计法和工具变量法，其中，最大似然估计法的应用较为广泛。在对模型中参数估计之后，还需要进行检验以选择最合适的模型。空间计量模型的设定形式关系到研究结论的准确性。在空间计量分析时，一般认为若空间关联性在模型的滞后项中体现，则应选择空间滞后模型；若空间关联性在模型的误差项中体现，则应选择空间误差模型。安塞林指出，对空间滞后模型和空间误差模型的选择，可以采用 LM 检验或稳健 LM 检验进行判断。若 LM-lag 统计量显著而 LM-error 统计量不显著，或二者都显著，但 Robust LM-lag 统计量更为显著，则应该选择空间滞后模型；反之，选择空间误差模型。此外，还可利用施瓦茨准则（SC）和赤池信息准则（AIC）、可决系数R^2等指标综合比较判断。

在上述分析基础上，根据数据特征，为了进一步研究引入空间关联性时创新要素集聚对中国制造业结构优化的影响，本书设定空间滞后模型形式为：

$$\ln STRU_{it} = c + \rho W \ln STRU_{it} + \alpha \ln RDP_{it} + \sum_{i=1}^{n} \beta_i X_{it} + \varepsilon_{it}$$

$$(6-6)$$

空间误差模型形式为：

$$\ln STRU_{it} = c + \alpha \ln RDP_{it} + \sum_{i=1}^{n} \beta_i X_{it} + u_{it} \qquad (6-7)$$

$$u_{it} = \lambda \sum_{j=1}^{n} w_{ij} u_{it} + \varepsilon_{it}$$

式中，i 表示省份；t 表示时间；$STRU$ 表示制造业的结构优化水平，具体包括制造业结构合理化 ISR 和制造业结构高度化 ISH 两个方面；W 表示空间权重矩阵；RDP 表示创新要素集聚度；X 表示一系列的控制变量；ε 表示随机扰动项；c、α、β_i 表示待估参数；系数 ρ 表示反映相邻地区创新要素集聚的影响力，也就是创新要素集聚的空间相关效应。

为了消除异方差带来的影响，对相关变量做了取对数运算，记为 ln。

式（6-6）和式（6-7）为创新要素集聚影响制造业结构优化的空间计量模型形式，具体采用哪种模型，需要理论分析与统计检验相结合来进行选择。

6.1.3　空间权重矩阵的构建

在计算空间自相关 Moran's I 指数进行空间相关性检验之前，需要先设定空间权重矩阵，这也是空间计量模型所特有的。空间权重矩阵反映各空间单元的空间关联程度，其设定形式直接影响后续的空间分析结果，因此，在空间计量研究中，对其准确设定至关重要。从形式上看，空间权重矩阵是一个 $n \times n$ 的矩阵，反映不同空间单元之间的位置关系。空间权重矩阵的设定具有一定的主观性，目前学术界尚未形成统一意见[201]。从已有文献来看，最常见的空间权重矩阵主要有空间邻接权重矩阵、空间地理距离权重矩阵和经济距离权重矩阵三种。具体设定规则如下：

空间邻接权重矩阵是根据空间单元的邻近特征进行赋值，它假定空间作用的发生是基于空间单元是否相邻，其赋值规则为：

$$w_{ij} = \begin{cases} 1, \text{若空间单元 } i \text{ 和 } j \text{ 相邻} \\ 0, \text{若空间单元 } i \text{ 和 } j \text{ 不相邻} \end{cases} \qquad (6-8)$$

空间地理距离权重矩阵是根据地理学第一原理，用空间单元之间的地理距离来设定的，其赋值规则为：

$$w_{ij} = \begin{cases} \dfrac{1}{d_{ij}^2}, i \neq j \\ 0, i = j \end{cases} \qquad (6-9)$$

式中，d_{ij} 表示空间单元 i 和 j 中心位置之间的距离。

经济距离权重矩阵是依据地区之间的经济发展水平，用地区间经济差距设定的[197]，其赋值规则为：

$$w_{ij} = \begin{cases} \dfrac{1}{|GDP_i - GDP_j|}, i \neq j \\ 0, i = j \end{cases} \quad (6-10)$$

式中，GDP_i 表示 i 地区的人均收入水平；GDP_j 表示 j 地区的人均收入水平。

通过对比上述三种空间权重矩阵的构建方法可以看出，空间权重矩阵的构建各有侧重。为了更好地体现各地区制造业结构优化的空间关联效应，本书在设定空间权重矩阵时，选取空间邻接权重矩阵进行空间计量分析。

6.2　变量选取及数据来源

（1）被解释变量分别为制造业结构合理化 ISR 和结构高度化 ISH。具体指标测算方法及结果详见 4.2 节，在此不再赘述。

（2）核心解释变量为创新要素集聚度 RDP。由于创新资金对创新人员流动具有导向作用，本章选用地区创新资金集聚度 QRDP 来衡量创新要素集聚水平。为了考察企业、科研机构和高等院校创新要素集聚状况，还分别计算工业企业的创新资金集聚度 ERDP、科研机构的创新资金集聚度 YRDP 和高等院校的创新资金集聚度 GRDP 作为测度指标。

控制变量的选取如下：

（1）经济发展水平 *PGDP*。地区经济发展是产业扩张和产业部门调整的基础，钱纳里的工业化阶段理论认为经济发展阶段是制造业内部结构转换和产业结构优化的重要因素。因此，本章选用人均 GDP 来表示经济发展水平。

（2）市场化程度 *MAR*。中国的市场经济确立了市场在资源配置中所起的决定性作用，市场化是提高资源在产业间配置的重要条件，市场化程度越高，资源越容易向效率高的行业和地区流动。因此，本章选用非国有单位就业人员在地区就业人员中的比重作为市场化程度的代理变量。

（3）对外开放度 *OPEN*。对外开放带来的技术外溢效应是影响区域技术创新和制造业结构的重要因素。傅元海等[123]、张翠菊和张宗益[202]认为对外开放对产业结构优化具有显著促进作用。因此，本章选用各地区实际利用 FDI 占地区 GDP 的比重来衡量对外开放程度。

（4）金融发展水平 *FIN*。金融市场是推动产业结构优化的重要外部力量，能够为企业发展提供资金支持，促进了资源在产业间的合理配置。借鉴相关学者的研究，本章选用各地的金融机构贷款余额与地区 GDP 的比值来测度。

（5）城市化水平 *URB*。城市化的本质是城镇人口的规模集聚。伴随着就业和产业结构向非农化方向转变，城市化极大地促进了资本在产业之间的转移，是影响产业结构升级的重要因素。因此，本章选用城镇常住人口占地区总人口的比重来表示。

本书以中国 30 个省份 2005～2017 年的面板数据作为实证样本，在分析制造业结构优化时采用规模以上工业企业相关数据。研究选用的数据来源于 2006～2018 年的《中国人口和就业统计年鉴》《中国科技统计年鉴》《中国工业统计年鉴》和各省历年的统计年鉴等统计资料，部分缺失数据采用插值法补充。

6.3 计量模型估计结果分析

6.3.1 空间相关性分析

制造业结构优化的全局 Moran's I 指数检验表明，2005～2017 年，中国 30 个省份制造业结构合理化的 Moran's I 值为正数且在大多数年份通过 10% 水平的显著性检验，制造业结构高度化的 Moran's I 值为正数且在 10% 水平上都通过空间相关的显著性检验。这说明中国各地区的制造业结构合理化和高度化并不是随机分布的，而是存在着较为明显的空间依赖性和空间集聚性，具体表现为具有较高的产业结构合理化水平及高度化水平的地区相邻，具有较低的产业结构合理化水平及高度化水平的地区相邻的特征。因此在研究制造业结构优化时，需要考虑地区间产业结构优化的溢出效应并采用空间计量模型分析。由于地理位置的邻近性，地区间可以共享部分公共基础设施及资源，从而使邻近地区制造业产业结构体现出相似性的特点。

为了进一步考察中国不同地区的制造业结构合理化和高度化的空间依赖性是否存在区域差异，通过绘制 Moran 指数散点图可以探究中国 30 个省份的制造业结构合理化和高度化的局部空间特征。由于篇幅的限制，本章仅绘制 2005 年和 2017 年的制造业结构合理化和高度化的 Moran 指数散点图进行分析，如图 6-1 和图 6-2 所示。

图 6-1 以及图 6-2 分别是 2005 年和 2017 年的制造业结构合理化和高度化的局部 Moran's I 指数散点图。图中，右上角的第一象限表示高值地区与高值地区相邻；左下角的第三象限则表示低值地区与低值地区相邻，第二象限和第四象限表示高值与低值地区相邻或低

值与高值地区相邻。从图 6 - 1 以及图 6 - 2 可以看出，不同省份的制造业结构合理化和高度化的 Moran's I 指数散点大多数分布在第一象限和第三象限，说明中国制造业产业结构分布表现出了明显的"高值—高值"和"低值—低值"集聚的特征。

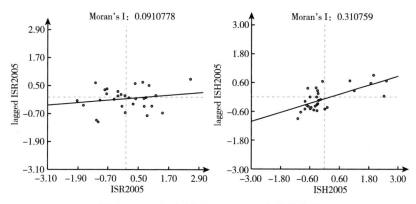

图 6 - 1　2005 年局部 Moran's I 指数散点图

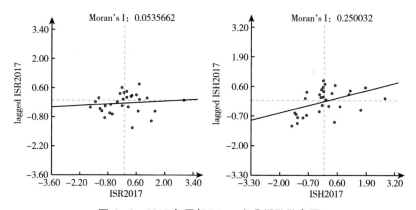

图 6 - 2　2017 年局部 Moran's I 指数散点图

资料来源：笔者绘制。

从图 6 - 1 可以看出，2005 年制造业结构合理化水平和高度化水平的散点图中处在第一象限和第三象限的省份数量相对较少，空间相关性较弱。从图 6 - 2 可以看出，2017 年的 Moran's I 指数散点图中，制造业结构合理化水平位于第一象限的省份包括北京、天津、上海、浙江、广东、安徽等，位于第三象限的省份包括山西、河南、湖北、宁夏、贵州、云南等；天津、上海、江苏、福建、浙江、安徽、山东等分布在制造业结构高度化水平的第一象限，内蒙古、吉林、黑龙江、宁夏、甘肃、新疆等分布在结构高度化水平的第三象限。通过对比可以看出，2017 年的局部 Moran's I 指数散点图中，处在第一象限的省份数量增加明显，这直观地说明随着时间的推移，中国制造业结构合理化和高度化水平的空间集聚分布特征较为明显。因此，从整体来看，中国制造业结构优化存在正向空间依赖性及空间集聚性。

6.3.2 全国层面的回归估计结果分析

1. 空间计量模型的回归结果

在空间相关性分析的基础上，需要选择合适的空间计量模型对空间效应进行深入分析。对于空间计量模型的选择，本书参照安塞林的思路，通过 LM 检验及其稳健性检验来选择适当的空间计量模型，空间计量模型的识别检验结果见表 6 - 1。

表 6 - 1　　　　　　空间计量模型识别检验结果

检验方法	产业结构合理化	产业结构高度化
	统计量	统计量
LM-lag 检验	137.07 ***	20.97 ***
LM-erro 检验	113.78 ***	14.71
Robust LM-lag 检验	30.52 **	5.42 **
Robust LM-error 检验	20.30	4.07

注：*** 代表 $P<0.01$，** 代表 $P<0.05$。
资料来源：笔者绘制。

从表6-1的检验结果可以看出，空间滞后模型的 R-LM（lag）的显著性水平高于空间误差模型 R-LM（error），因此本书选择空间滞后模型（SAR）更为合适。

为了检验创新要素集聚对制造业结构合理化和高度化水平影响的空间溢出现象的存在性，采用空间滞后模型进行回归分析，全国的空间滞后模型的回归估计结果参见表6-2。

表6-2　　　　　　　　全国的制造业结构优化估计结果

变量	产业结构合理化	产业结构高度化
	（1）	（2）
$\ln QRDP$	-0.221 *** (0.076)	0.579 *** (0.052)
$\ln PGDP$	-0.630 *** (0.198)	-0.456 *** (0.136)
FIN	0.218 (0.141)	-0.063 (0.095)
$OPEN$	4.182 ** (2.102)	6.230 ** (1.459)
MAR	-0.887 ** (0.356)	1.855 *** (0.275)
URB	3.491 *** (0.669)	0.671 (0.455)
P	0.374 *** (0.070)	0.428 *** (0.045)
σ^2	0.321 *** (0.023)	0.146 *** (0.011)

注：括号中的数字是标准误；*** 代表 $P<0.01$，** 代表 $P<0.05$。
资料来源：笔者计算。

根据 Hausman 检验判断应选择固定效应模型还是随机效应模型。

经过检验，Hausman 检验结果拒绝了原假设，说明固定效应模型要优于随机效应模型。表中模型（1）的回归结果显示，地区创新要素集聚的估计系数在 1% 的水平上显著为负值，表明地区创新要素集聚显著地促进制造业结构的合理化水平提升。模型（2）的回归结果显示，地区创新要素集聚的估计系数为正值且通过 1% 水平上的显著性检验，表明地区创新要素集聚能够促进制造业结构的高度化水平提升。所有模型中的空间自回归系数均为正值且通过了 1% 水平上的显著性检验，说明地区之间的制造业结构合理化和高度化存在显著的空间自相关性，这表明地区间的制造业结构合理化水平和高度化水平不再相互独立，周边地区制造业较高的结构合理化水平和高度化水平会带给本地区一些积极的影响，即产业结构合理化和高度化存在显著的正向空间溢出效应，这也说明本书采用空间计量模型进行分析较为合理。

当前，随着经济发展，地区间存在很大的差异，一些地区由于其区位优势和政策优势吸引国内外大量创新资源，产生了集聚效应，显著提升了区域创新能力，促进地区产业结构的快速调整和经济的高速增长。地区经济发展水平越高，产业结构优化调整速度相对越快，对创新要素的需求也越多，区域经济良好发展状况又会促使更多创新要素向其集中，这会形成一种良性循环，这一正反馈机制的作用使地区的创新要素集聚度和产业结构优化水平始终处于相对较高的层次。

2. 空间效应分析

空间计量模型研究代表国家、地区等观察值之间的复杂依赖关系。因此，回归模型中估计出的参数包含了大量有关观测对象和地区之间关系的信息。詹姆斯·勒沙杰和 R. 凯利·佩斯[203] 认为与解释变量相关的任何一个地区的改变会潜在地影响其他所有地区，即解释变量的间接效应可以反映出空间溢出效应的存在。根据 J·保罗·埃尔霍斯特[204]的研究结论，在上述固定效应下的空间自回归模型估计的基础上，利用计算偏导数的方法对创新要素集聚度以及模型中的所有控制变量对制造业结构优化的影响进行空间效应分解。空间效应可以分解为直接效应和间接效应两部分，直接效应表示某个空间单元自变量的变化对该空间单元因变量的影响，间接效应表示某个空间单元自变量的变化对其他所有空间单元产生的影响，又被称之为空间溢出效应。

　　创新要素集聚度以及所有控制变量对制造业结构优化影响的空间效应分解结果见表 6-3。表中总效应代表创新要素集聚度以及所有控制变量对制造业结构优化的总影响，直接效应代表创新要素集聚度以及所有控制变量对本地区制造业结构优化的影响，间接效应代表邻近地区之间创新要素集聚以及所有控制变量对本地区制造业结构优化的影响。

表 6-3　　　　　　　　　解释变量空间溢出效应分解

变量	产业结构合理化			产业结构高度化		
	总效应	直接效应	间接效应	总效应	直接效应	间接效应
lnQRDP	-0.351 *** (0.124)	-0.227 *** (0.081)	-0.124 ** (0.053)	1.025 *** (0.143)	0.613 *** (0.059)	0.412 *** (0.095)
lnPGDP	-1.039 *** (0.353)	-0.665 *** (0.201)	-0.374 ** (0.175)	-0.807 *** (0.224)	-0.486 *** (0.137)	-0.321 *** (0.098)
FIN	0.370 (0.225)	0.238 * (0.141)	0.133 (0.091)	-0.098 (0.161)	-0.059 (0.096)	-0.039 (0.066)
OPEN	6.843 ** (3.542)	4.377 ** (2.154)	2.466 (1.530)	10.915 ** (2.453)	6.565 *** (1.493)	4.350 *** (1.137)

变量	产业结构合理化			产业结构高度化		
	总效应	直接效应	间接效应	总效应	直接效应	间接效应
MAR	-1.443**	-0.919***	-0.524*	3.249***	1.955***	1.294***
	(0.616)	(0.350)	(0.295)	(0.399)	(0.260)	(0.221)
URB	5.692***	3.654***	2.039***	1.192	0.719	0.473
	(1.291)	(1.291)	(0.758)	(0.780)	(0.473)	(0.316)

注：括号中的数字是标准误；*** 代表 $P<0.01$，** 代表 $P<0.05$，* 代表 $P<0.1$。
资料来源：笔者计算。

从表6-3中可以看出，核心解释变量创新要素集聚对制造业结构合理化的直接效应和间接效应均显著为负，由于测度产业结构合理化的指标为泰尔指数，而泰尔指数与产业结构合理化水平是负相关关系，因此产业结构合理化的直接效应为负值说明创新要素集聚对本地区的制造业结构合理化的促进作用显著，间接效应为负值说明创新要素集聚存在正向空间溢出效应，即邻近地区的创新要素集聚能够显著促进本地区的制造业结构合理化发展。创新要素集聚对制造业结构高度化的直接效应和间接效应均显著为正，说明各地区自身以及邻近地区之间创新要素集聚对本地区制造业结构高度化的促进作用显著。在直接效应和间接效应的共同作用下，创新要素集聚对制造业结构优化产生总的正向空间溢出效应，即创新要素集聚是促进制造业结构优化的重要手段，能够显著提升制造业结构优化水平。随着研发投入规模的持续增长，经济发展水平、区位因素和软环境等方面的差异，特别是地理邻近关系，使得创新要素集聚水平不断提高，形成了制造业结构优化的内在动力。

对于其他控制变量，经济发展水平对制造业结构合理化的直接效应和间接效应都为负，说明当前经济环境能够促进制造业结构合理化发展。经济发展水平对制造业结构高度化的直接效应和间接效应都为负，说明当前的经济还是数量增长型粗放式增长，不利于经济高质量发展。

对外开放程度对制造业结构合理化的直接效应为正且显著，说明随着制造业产业价值链的不断完善，对外开放对制造业结构合理化具有抑制作用，间接效应为正不显著，说明周边地区的对外开放对制造业结构合理化的负向影响尚不明显。对外开放程度对制造业结构高度化的直接效应和间接效应都显著为正值，这表明中国加入 WTO 以来，对外开放通过技术引进和技术溢出对各地区高技术产业的发展起到重要作用，推动了制造业结构高度化的进程。

市场化程度对制造业结构合理化的直接效应和间接效应都显著为负，对制造业结构高度化的直接效应和间接效应都显著为正，说明当前中国的市场环境有利于要素流动，在提高产业间聚合质量的同时促进高技术产业和高端制造业的发展，推动制造业结构合理化和高度化的进程，是制造业结构优化的强劲外部动力。

金融发展对制造业结构合理化的直接效应显著为正，间接效应为正值但不显著；对制造业结构高度化的直接效应和间接效应都为负值但不显著，表明外部金融环境对制造业结构优化的影响并不明显，这可能是因为当前的金融体系对实体产业的融资限制较多，未能成为制造业优化升级的重要外部支撑。

城市化对制造业结构合理化的直接效应和间接效应都显著为正值，说明城市化对产业分工与重组的作用有限，不利于制造业的合理化发展。城市化对制造业结构高度化的直接效应和间接效应都为正值但不显著，说明城市化在提高资源利用效率，促进高技术产业发展方面的积极作用尚未表现出来。

6.3.3　分创新主体的回归估计结果分析

为了分析区域创新要素在不同创新主体间的集聚对制造业结构优

化空间溢出效应的差异性，本书将创新主体划分为企业、科研机构和高等院校三类，分别对每一类数据进行估计，相应的空间滞后模型的估计结果参见表6-4。

表6-4   不同主体的创新要素集聚影响制造业结构优化估计结果

变量	产业结构合理化			产业结构高度化		
	(1)	(2)	(3)	(4)	(5)	(6)
$\ln ERDP$	- 0.212 ** (0.086)			0.378 *** (0.065)		
$\ln YRDP$		0.038 (0.034)			0.169 *** (0.025)	
$\ln GRDP$			- 0.098 ** (0.050)			0.327 *** (0.033)
$\ln PGDP$	- 0.694 *** (0.201)	- 0.598 *** (0.202)	- 0.762 *** (0.211)	- 0.417 *** (0.153)	- 0.413 *** (0.151)	- 0.035 (0.151)
FIN	0.147 (0.139)	0.114 (0.143)	0.168 (0.139)	0.106 (0.104)	- 0.051 (0.105)	0.043 (0.097)
$OPEN$	3.818 * (2.132)	4.827 ** (2.104)	4.734 ** (2.105)	7.149 *** (1.624)	6.051 *** (1.596)	5.154 *** (1.513)
MAR	- 0.972 *** (0.354)	- 1.354 *** (0.316)	- 1.279 *** (0.319)	2.584 *** (0.300)	3.481 *** (0.261)	2.961 *** (0.251)
URB	3.448 *** (0.672)	2.832 *** (0.688)	3.754 *** (0.745)	1.216 ** (0.505)	0.903 * (0.507)	- 0.502 (0.523)
p	0.384 *** (0.069)	0.416 *** (0.068)	0.370 *** (0.072)	0.353 *** (0.049)	0.321 *** (0.048)	0.378 *** (0.046)
σ^2	0.322 *** (0.023)	0.325 *** (0.024)	0.321 *** (0.023)	0.179 *** (0.013)	0.175 *** (0.012)	0.157 *** (0.011)

注：括号中的数字是标准误；*** 代表 $P < 0.01$，** 代表 $P < 0.05$，* 代表 $P < 0.1$。
资料来源：笔者计算。

从表 6 - 4 三类不同创新主体的回归估计结果可以看出，企业和高等院校的创新要素集聚对制造业结构合理化的影响均显著为负值，对结构高度化的影响均显著为正值，科研机构对制造业结构合理化的影响不显著，对高度化的影响效应为正值且显著。在所有空间滞后模型中，产业结构合理化估计结果中的空间自回归系数的数值分别为 0.384、0.416 和 0.370，产业结构高度化估计结果中的空间自回归系数的数值分别为 0.353、0.321 和 0.378，以上数值均通过 1% 水平的显著性检验，说明不同创新主体的创新要素集聚对制造业结构优化的空间溢出效应明显，地理空间上邻近的地区的制造业结构优化水平提升对本地区的制造业结构优化水平提升具有正向拉动效应。

6.3.4　分时间的回归估计结果分析

自 2012 年提出"五大发展理念"以来，创新驱动发展战略开始深入推进。为了对比分析创新驱动发展战略实施前后，即制度变革下的创新要素集聚影响制造业结构优化的空间溢出效应的动态特征，本书以 2012 年为分界点，将时间段分为 2005 ~ 2012 年和 2013 ~ 2017 年两个样本区间分别进行回归分析，按时间分组的空间滞后模型的回归估计结果参见表 6 - 5。

由表 6 - 5 可知，2005 ~ 2012 年，地区创新要素集聚对制造业结构合理化表现出明显的促进作用，对结构高度化的正向影响也显著。从回归系数的数值来看，创新要素集聚对制造业结构高度化的正向影响效应更大。2013 ~ 2017 年，区域创新要素集聚对制造业结构合理化的正向影响不显著，对制造业结构高度化的促进作用依然非常显著。

表 6 – 5   分时间的制造业结构优化估计结果

变量	2005~2012 年		2013~2017 年	
	结构合理化	结构高度化	结构合理化	结构高度化
ln$QRDP$	– 0. 183 **	0. 608 ***	– 0. 277	0. 581 ***
	(0. 085)	(0. 059)	(0. 169)	(0. 110)
ln$PGDP$	– 0. 342	– 0. 307 **	– 1. 318 **	– 0. 979 ***
	(0. 219)	(0. 155)	(0. 520)	(0. 346)
FIN	0. 192	– 0. 103	0. 164	– 0. 214
	(0. 143)	(0. 098)	(0. 470)	(0. 313)
$OPEN$	6. 735 ***	6. 175 ***	– 1. 678	4. 523 *
	(2. 446)	(1. 778)	(4. 150)	(2. 719)
MAR	– 1. 560 ***	1. 594 ***	0. 234	2. 447 ***
	(0. 414)	(0. 318)	(0. 656)	(0. 527)
URB	2. 562 ***	0. 534	5. 734 ***	1. 431
	(0. 739)	(0. 518)	(1. 624)	(1. 069)
p	0. 364 ***	0. 449 ***	0. 387 ***	0. 379 ***
	(0. 092)	(0. 056)	(0. 110)	(0. 080)
σ^2	0. 286 ***	0. 137 ***	0. 350 ***	0. 149 ***
	(0. 027)	(0. 012)	(0. 041)	(0. 017)

注: 括号中的数字是标准误; *** 代表 $P < 0.01$, ** 代表 $P < 0.05$, * 代表 $P < 0.1$。
资料来源: 笔者计算。

对此可能的解释是,受"创新驱动战略"的影响,2012 年后各地纷纷加大创新投入力度,尤其是在高技术产业方面投入的创新资金更多。创新是技术进步的根本动力,创新要素集聚带来的技术进步推动了高技术产业发展,有效提升制造业结构高度化水平;而创新要素集聚并未在制造业产业间形成良好的技术溢出,因此对产业结构合理化水平提升的影响不明显。上述所有空间滞后模型中的空间自回归系数的数值均为正值且通过 1% 水平的显著性检验,说明分时间段得出的创新要素集聚对制造业结构优化的空间溢出效应也较为明显。

6.4　本章小结

本章在地区制造业结构优化的研究框架中引入了空间因素，运用 2005～2017 年中国 30 个省份的面板数据构建空间计量模型，探讨了中国制造业结构优化的空间分异特征及其与创新要素集聚的相关性，实证分析了创新要素集聚影响制造业结构优化的空间溢出效应。主要结论如下：

（1）2005～2017 年，大多数年份制造业结构优化水平的 Moran's I 指数均显著为正，说明中国各地区制造业结构优化存在明显的空间正相关性，体现了显著的空间集聚和空间依赖特征。从 Moran's I 指数散点图可以看出，大多数省份位于"高—高"类型的第一象限和"低—低"类型的第三象限，形成了制造业结构优化的高值集聚区和低值集聚区，且随着时间推移，处在第一象限省份的数量不断增加。究其空间格局形成的原因，主要是因为地理位置的邻近使地区间可以充分共享公共资源，邻近地区在经济发展方面存在"共生"现象，相互间依存度越来越高。邻近地区的基础资源和需求结构具有趋同性，使得邻近地区间的产业发展水平相似，引起产业结构的变化趋同，进而导致制造业结构优化的空间相关性和空间依赖性逐渐增强。

（2）创新要素集聚对制造业结构合理化泰尔指数的估计系数在 1% 的水平上显著为负，对制造业结构高度化水平的估计系数在 1% 的水平上显著为正，表明创新要素集聚程度的增加会促进地区制造业结构合理化水平和高度化水平的提升。回归模型中的空间滞后项的系数为正且通过 1% 的显著性检验，说明地区间的制造业结构优化存在显著的空间自相关性，即地区间的产业结构优化不再相互独立，这也说明了本书采用空间计量模型进行分析的必要性。

（3）创新要素集聚对制造业结构合理化泰尔指数的直接效应显著为负，说明各地区自身的创新要素集聚对本地区的产业结构合理化具有明显促进作用；间接效应显著为负，说明相邻地区创新要素集聚会产生正向空间外部效应，有助于提高本地区的产业结构合理化水平。创新要素集聚对制造业结构高度化的直接效应和间接效应均显著为正，说明各地区自身以及相邻地区创新要素集聚是促进本地区产业结构高度化的重要手段。

（4）从创新主体维度来看，企业和高等院校的创新要素集聚对制造业结构合理化和高度化的影响均显著为正，科研机构对制造业结构高度化的影响效应为正向显著，所有模型的空间自回归系数均显著为正，因此，我们可以从创新主体的维度得出创新要素集聚对制造业结构优化的空间溢出效应明显。从时间维度来看，2005～2012 年，创新要素集聚程度差异明显，创新要素集聚程度每增加1%，引起制造业结构合理化水平提高 0.183%，高度化水平提高 0.608%；2013～2017 年，创新要素集聚程度的差异有所缓解，创新要素集聚能显著促进制造业结构高度化水平提升，空间溢出效应明显，而对合理化水平的溢出效应不显著。

综上所述，中国制造业结构优化的空间关联性较强，地区之间制造业发展的空间溢出效应明显。在区域"产业共生"发展中，应该加强与邻近地区合作，通过与邻近地区的创新体系建设和产业战略合作等方式优化制造业结构，实现区域协调发展和资源优化配置，充分发挥创新要素集聚的制造业结构优化效应，尤其是对制造业高端化发展的促进效应。

第7章 创新要素集聚影响制造业结构优化的传导机制

制造业的结构优化是实现工业现代化的重要保证，也是中国化解过剩产能，提升产业竞争力的必然选择。在知识经济时代，技术创新成为制造业结构优化的直接推动力量。在中国经济高速增长的过程中，随着资本、劳动力等生产要素的不断汇集，大量企业在同一区域集聚的现象越发明显，这也使得中国区域发展出现分化。随着要素流动，创新要素也表现出了区域集聚的态势，创新要素集聚已成为影响区域创新能力和经济增长的一个重要因素。在现代经济中，创新要素投入已不是单纯依靠一个部门或企业就可以完成，而需要区域间各个组织协调合作，使创新要素达到一定规模并形成集聚效应[74]。资本创新要素在利润的吸引下不断向利润最大领域集中，不仅促进新技术、新产品的研发，其产生的规模效应还有效降低了单位产品的生产成本，为企业的规模化经营提供重要的资本支持。人力创新要素集聚的溢出效应也非常明显，不同层次创新人才合理搭配，与适合的创新环境结合有利于其价值的发挥，在创新资本的支持下会产生乘数效应，促进知识创造与溢出，推动区域经济发展和产业结构调整。

目前，现有文献缺乏从实证角度专门关注创新要素集聚对制造业结构优化影响的中介传导机制。根据第 3 章的理论分析，技术进步、社会需求变动和就业结构调整都会对产业结构产生影响，是创新要素集聚影响制造业结构优化的重要作用渠道。但是实践中创新要素集聚促进制造业结构优化的这种传导机制是否成立？为了进一步明晰创新要素集聚影响制造业结构优化的作用渠道，检验实践中上述传导机制是否成立，本章在第 5 章和第 6 章的基础上，引入中介变量，构建中介效应模型，从技术进步、社会需求和就业结构这三条传导渠道出发，实证研究创新要素集聚影响制造业结构优化的传导机制。

7.1 模型设定与估计方法

在分析创新要素集聚与制造业结构优化的内在作用机制时，通过中介效应模型研究创新要素集聚是如何由技术进步效应、社会需求效应和就业结构效应作用于制造业结构的合理化和高度化的。为了消除模型可能存在的内生性问题，在回归估计过程中采用了分步估计法和其他相关计量方法验证了估计的可靠性。

7.1.1 中介效应模型及检验

1. 中介效应模型介绍

在研究变量 X 与变量 Y 的关系时，如果变量 X 对变量 Y 有影响，并且变量 X 是通过变量 M 对变量 Y 产生影响的，那么把变量 M 称作中介变量。中介变量相当于是解释变量 X 对被解释变量 Y 发生影响的中间桥梁，是一种内在机制，正是通过这种内在机制，解释变量 X 对被解释变量 Y 起作用。中介效应的结构方程模型可表示为：

$$Y = \alpha X + e_1 \qquad\qquad (7-1)$$

$$M = \beta X + e_2 \qquad\qquad (7-2)$$

$$Y = \alpha'X + cM + e_3 \qquad\qquad (7-3)$$

式中，系数 α 为解释变量 X 影响被解释变量 Y 的总效应；系数 β 为解释变量 X 影响中介变量 M 的间接效应；系数 α' 为解释变量 X 影响被解释变量 Y 的直接效应，e_1、e_2 和 e_3 为随机扰动项。

如图 7－1 所示，变量间的中介效应路径可以表示为：

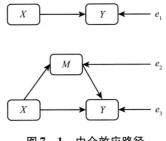

图7－1 中介效应路径

资料来源：笔者绘制。

图 7－1 中的回归模型可用最小二乘法估计各自的回归系数，当式（7－1）中回归系数 α 等于 0 时，表示中介效应不存在；当 α 不等于 0 时，需要进一步进行中介效应检验。

2. 中介效应检验方法

在检验中介效应的显著性时，需要对结构方程模型中的回归系数进行独立显著性检验或联合显著性检验[205]。目前，主要采用的检验方法如下：

（1）首先检验式（7－1）中系数 α 的显著性。如果 α 显著为 0，则停止分析，说明变量之间不存在中介效应；若 α 通过显著性检验，则继续进行下一步检验。

（2）依次检验回归系数 β 和 c 的显著性。若 β 和 c 均显著不为 0，则说明解释变量对被解释变量的影响是通过中介变量产生作用的，中介效应显著；否则，中介效应不显著。但是这一检验方法存在一定缺点，在中介效应很弱的情况下，检验的贡献较低。

（3）进行索贝尔（Sobel）检验，即检验原假设 H_0：$\beta c = 0$。若 βc 显著不为 0，则说明中介效应显著，否则其中介效应不显著。根据标准差计算公式：

$$S_{\beta c} = \sqrt{\hat{\beta}^2 S_c^2 + \hat{c}^2 S_\beta^2} \qquad (7-4)$$

通过式（7-4）可以计算出统计量 Z：

$$Z = \frac{\hat{\beta}\hat{c}}{S_{\beta c}} \qquad (7-5)$$

最后，依据统计量 Z 的数值能够判断是否接受原假设。

7.1.2　基于中介效应的计量模型构建

在探寻创新要素集聚通过技术进步、社会需求和就业结构影响制造业结构优化的传导机制时，选择以技术进步、社会需求和就业结构作为中介变量。

首先，在不考虑中介变量的情况下，为了检验创新要素集聚对制造业结构优化的总影响，本书构建的面板模型如下：

$$STRU_{it} = \alpha_0 + \alpha_1 RDP_{it} + \sum_{i=1}^{n} \theta_i X_{it} + \varepsilon_{it} \qquad (7-6)$$

式中，i 和 t 分别表示地区和时间；$STRU$ 表示制造业的结构优化水平，分别用产业结构合理化 ISR 和产业结构高度化 ISH 表示；RDP 表示创新要素集聚水平；X 表示一系列控制变量；ε 表示随机扰动项。

其次，为了检验制造业结构优化受到创新要素集聚影响时技术进步、社会需求和就业结构的中介作用，分别以中介变量作为被解释变量，创新要素集聚为解释变量设定如下面板模型：

$$TEC_{it} = \beta_0 + \beta_1 RDP_{it} + \sum_{i=1}^{n} a_i X_{it} + u_{it} \qquad (7-7)$$

$$CON_{it} = \gamma_0 + \gamma_1 RDP_{it} + \sum_{i=1}^{n} b_i X_{it} + e_{it} \qquad (7-8)$$

$$JY_{it} = \eta_0 + \eta_1 RDP_{it} + \sum_{i=1}^{n} c_i X_{it} + \chi_{it} \qquad (7-9)$$

式中，TEC 表示技术进步；CON 表示社会需求；JY 表示就业结构；RDP 表示创新要素集聚水平；X 表示控制变量；u、e 和 χ 表示随机扰动项。

最后，为了检验创新要素集聚通过技术进步、社会需求和就业结构影响制造业结构优化的总效应中是否存在直接效应，设定的面板模型对应如下：

$$STRU_{it} = \varphi_0 + \varphi_1 RDP_{it} + \varphi_2 TEC_{it}/\varphi_3 CON_{it}/\varphi_4 JY_{it} + \sum_{i=1}^{n} d_i X_{it} + \delta_{it}$$

$$(7-10)$$

式中，α_1 表示创新要素集聚对制造业结构优化的总效应；φ_2、φ_3 和 φ_4 分别表示创新要素集聚对制造业结构优化的直接效应。

7.2　变量选取与数据说明

在前面章节相关指标测度和数据选取的基础上，根据本章研究的作用机制，在计量模型中加入技术进步、社会需求和就业结构三个中介变量，模型中所包含的变量选取和定义具体说明如下：

（1）被解释变量为制造业的结构优化水平。依据产业结构优化理论以及本书对制造业结构优化内涵的深化，从产业之间的比例关系及其变化和聚合程度来刻画产业的协调发展，用高技术产业发展反映制造业的技术先进性，分别从产业结构合理化水平 ISR 和产业结构高度化水平 ISH 两个方面来测度制造业的结构优化状况。其中，产业结构合理化水平用泰尔指数的倒数表示，产业结构高度化水平用高技术产业在制造业总产值中的占比表示。

（2）解释变量为创新要素集聚。创新要素集聚反映的是一个地区创新要素相对于全国创新要素的集聚程度，由于创新资金对创新人员流动具有导向作用，本章选用地区创新资金集聚度 QRDP 来衡量创新要素集聚水平，具体指标的测度详见第 4.2 节，在此不再赘述。

（3）中介变量。

①技术进步 TEC。创新要素集聚加速了知识积累和溢出，显著提升了技术进步水平，进而推动了制造业的结构优化。本书在测度技术进步时，选择以新产品产值在制造业总产值中占比作为代理变量。

②社会需求 CON。社会需求包含投资需求、消费需求和出口需求三个方面，受资本逐利的影响，投资需求往往表现出与消费需求的一致性，因此本书以消费需求代表社会需求。在测度消费需求时，选择以各省居民的人均社会零售消费总额作为代理变量来表示。

③就业结构 JY。创新要素集聚尤其是创新人才集聚，改变了劳动力在不同产业间的就业状况，就业结构的调整推动产业结构相应发生变化。本书选用制造业的就业人数在总人口中的占比作为就业结构的代理变量。

（4）控制变量。

①经济发展水平 $PGDP$。地区经济发展是产业扩张和产业部门调

整的基础，钱纳里的工业化阶段理论认为经济发展阶段是制造业内部结构转换和产业结构优化的重要因素。因此，本书选用人均 GDP 作为经济发展水平的代理变量。

②城市化水平 *URB*。本书选用各地区城镇人口与年末总人口数之比来衡量。

③金融发展水平 *FIN*。本书选用各地的金融机构贷款余额与地区 GDP 的比值来测度。

④对外开放度 *OPEN*。本书选用各地区实际利用 FDI 占地区 GDP 的比重表示。

考虑数据的可获取性，本书选取 2005～2017 年中国 30 个省份的面板数据作为研究样本。相关数据的统计口径为规模以上工业企业，所有数据均来源于历年的《中国科技统计年鉴》《中国工业统计年鉴》《中国人口和就业统计年鉴》《中国金融年鉴》及各省份的统计年鉴等统计资料，部分缺失数据采用插值法补充。

为了消除数据异方差产生的影响，对相关变量进行取对数处理，用 ln 表示。

7.3　中介效应模型计量结果与分析

7.3.1　基础回归结果

1. 创新要素集聚对制造业结构优化的总体效应

将创新要素集聚度指标作为解释变量，制造业结构优化指标作为被解释变量，加入相关的控制变量，按照式（7-6）进行回归估计，估计结果见表 7-1。

表 7 - 1   创新要素集聚对制造业结构优化影响的回归估计结果

变量	产业结构合理化	产业结构高度化
ln$QRDP$	0.349 *** (0.072)	0.775 *** (0.060)
ln$PGDP$	0.546 *** (0.200)	-0.204 (0.169)
FIN	-0.253 * (0.151)	-0.202 (0.128)
$OPEN$	-2.439 (2.198)	13.702 *** (1.863)
URB	-3.389 *** (0.712)	0.456 (0.603)
常数项	-1.446 (1.821)	-0.549 * (1.544)
F 值	10.82 ***	108.05 ***

注：括号中的数字是标准误；*** 代表 $P < 0.01$，* 代表 $P < 0.1$。
资料来源：笔者计算。

由表 7 - 1 的回归结果可知，创新要素集聚对制造业结构的合理
化水平和高度化水平的回归系数均显著为正值。这说明创新要素的地
理集聚确实可以促进制造业的结构优化。创新要素集聚对制造业结构
合理化水平的估计系数为 0.349，说明创新要素集聚程度每增加 1%，
在其他条件保持不变的情况下，产业结构合理化水平相应地会提高
0.349%；创新要素集聚对制造业结构高度化水平的估计系数为
0.775，说明创新要素集聚程度每增加 1%，在其他条件保持不变的
情况下，产业结构高度化水平相应地也会提高 0.775%。以上数值是
创新要素地理集聚对制造业结构合理化和高度化影响的总效应，这一
综合效应可能是由直接效应和间接效应二者共同作用的结果。对此可
能的解释是，一方面，创新要素地理集聚会促进知识积累和知识溢

出，迅速带动区域技术进步，这将直接影响制造业发展状况，进而影响制造业的产业结构。同时，随着创新要素的集聚，相应地会引起相关产业的地理集聚，并吸纳更多的人员就业，影响制造业各个行业的分布状况，促使制造业的产业结构与就业结构协调发展，因此创新要素集聚会直接影响制造业结构的合理化水平和高度化水平。另一方面，创新要素集聚会促进区域创新水平，提升劳动生产率，引致产业结构变动，从而实现对传统制造业和低端制造业的改造，提高制造业的结构优化水平。

2. 创新要素集聚对技术进步、社会需求和就业结构的影响

上述分析阐述的是制造业结构优化水平受到创新要素集聚的综合影响，这其中包括直接效应和间接效应，但二者的影响在回归分析中并未直接体现出来。接下来，分别对式（7-7）、式（7-8）和式（7-9）进行参数估计，以验证制造业结构优化水平是否受到创新要素集聚的间接影响，即中介作用是否由技术进步、社会需求和就业结构所体现出来。

创新要素集聚分别对技术进步、消费需求和就业结构影响的回归估计结果参见表7-2。从列（1）和列（2）创新要素集聚对技术进步影响的回归结果来看，创新要素集聚对技术进步的影响表现为正向显著，并且在引入其他控制变量之后，这一影响依然为正且在1%水平下通过显著性检验，说明创新要素集聚确实可以促进技术创新和技术进步，且创新要素集聚度对技术进步水平的作用系数为0.043。原因在于创新要素集聚能够通过影响区域间技术合作路径和创新产出效率对技术进步产生影响，一方面，在邻近效应作用下，创新要素集聚实现了区域间技术进步和经济增长的传递；另一方面，由于区域间产业结构存在差异，引致创新要素在区域间差异性流动，最终形成创新要素集聚并对技术创新合作方式和合作主体的选择产生影响[70]，这将对技术进步产生最直接影响。此外，创新要素集聚能够为区域制造业的技术创新提供强有力的人才支持，这也是推动技术进步的重要力量。

表7-2　　创新要素集聚对技术进步、消费需求和就业结构
影响的回归估计结果

变量	技术进步		消费需求		就业结构	
	(1)	(2)	(3)	(4)	(5)	(6)
$\ln QRDP$	0.071 *** (0.005)	0.043 *** (0.006)	0.597 *** (0.027)	0.161 *** (0.015)	0.663 *** (0.037)	0.373 *** (0.038)
$\ln PGDP$		-0.071 *** (0.017)		0.819 *** (0.044)		1.469 *** (0.105)
FIN		-0.036 *** (0.013)		0.002 (0.033)		-0.059 (0.079)
$OPEN$		0.329 * (0.190)		0.021 (0.478)		2.633 ** (1.152)
URB		0.394 *** (0.062)		0.257 * (0.154)		-3.003 *** (0.373)
常数项	0.144 *** (0.003)	0.679 *** (0.157)	9.545 *** (0.019)	0.745 ** (0.396)	-2.799 *** (0.026)	-16.574 *** (0.954)
F 值	221.9 ***	68.90 ***	490.27 ***	976.19 ***	325.08 ***	197.33 ***

注：括号中的数字是标准误；*** 代表 $P<0.01$，** 代表 $P<0.05$，* 代表 $P<0.1$。
资料来源：笔者计算。

　　从列（3）和列（4）创新要素集聚对消费需求影响的回归结果来看，创新要素集聚度对消费需求的影响为正向，并且通过了1%水平下的显著性检验，在引入其他控制变量之后，这一影响依然显著为正值，这说明创新要素集聚确实促进了区域消费水平提升。在其他条件不变的情况下，创新要素集聚程度每增加1%，消费需求就增加

0.161 个百分点。这是因为，首先，创新要素集聚的规模效应产生了大量新知识和新技术，在推动技术进步的同时降低了产品的相对价格，从而影响需求结构；同时，企业也相应扩大生产，提高了产出水平，并通过产出变动来获取规模收益，在需求和供给两方面的作用下原有的需求结构会发生改变。其次，创新要素集聚会提升劳动生产率，产生新的需求压力，新的需求又会促使企业开发新产品或对原有产品更新换代。为适应需求结构升级，生产也会相应调整，新产品的生产会创造出新的产业部门，在产业关联的作用下带动相关产业发展，又会引发新的需求，最终推动需求结构升级。最后，创新要素集聚产生大量消费者剩余，提高了劳动者收入，收入增加使需求结构逐步从低层次的必要生活需求向高层次的精神、健康需求转变，推动需求结构的转换升级。

从列（5）和列（6）创新要素集聚对就业结构影响的回归结果来看，创新要素集聚对就业结构的影响为正向显著，在引入其他控制变量后，这一影响依然为正且通过 1% 水平的显著性检验，这说明创新要素集聚确实能够提高就业水平，促进就业结构转变，且在其他条件不变时，创新要素集聚程度每增加 1%，制造业的就业水平就提高 0.373 个百分点。这主要是因为创新要素集聚能够提高产业的劳动效率，推动劳动力在产业间发生转移，促使劳动力资源在不同产业和行业之间实现优化配置。一方面，创新要素集聚有效改善了劳动力的供给数量和质量，提高了劳动力在制造业各行业间的就业匹配度，降低了摩擦失业人口。另一方面，创新要素集聚为技术创新奠定了重要基础，技术进步基础较好和速度较快的行业拥有更高的劳动效率，吸引大批劳动力，尤其是高新技术、高附加值产业吸引大量高素质和高技能劳动力向其转移。随着产业发展，作为重要生产要素的劳动力，其就业方向也相应发生变化，进而对就业结构的调整和演进产生重要影响。

综合上述实证结果可知，创新要素集聚的确能够促进技术进步、拉动消费需求和转变就业结构。下面将检验创新要素集聚是否可以通过技术进步、消费需求和就业结构三条途径来间接影响制造业的结构优化水平。

3. 中介效应分析

为了验证制造业的结构优化水平受到创新要素集聚影响的传导机制中，技术进步、消费需求以及就业结构是否为中介变量，对中介效应模型［式（7-10）］进行回归估计，式（7-10）中不仅包括创新要素集聚变量，还分别包括技术进步、消费需求和就业结构变量。技术进步、消费需求和就业结构的中介效应模型回归结果分别见表7-3、表7-4和表7-5。

表7-3　　　　　　　　技术进步的中介效应模型估计结果

变量	技术进步	产业结构合理化	产业结构高度化
	(1)	(2)	(3)
$\ln QRDP$	0.043 ***	0.300 ***	0.643 ***
	(0.006)	(0.076)	(0.062)
TEC		1.141 **	3.050 ***
		(0.597)	(0.484)
$\ln PGDP$	-0.071 ***	0.627 ***	0.013
	(0.017)	(0.203)	(0.165)
FIN	-0.036 ***	-0.211	-0.091
	(0.013)	(0.152)	(0.123)
$OPEN$	0.329 *	-2.815	12.698 ***
	(0.190)	(2.199)	(1.780)
URB	0.394 ***	-3.839 ***	-0.744
	(0.062)	(0.747)	(0.604)

续表

变量	技术进步	产业结构合理化	产业结构高度化
	（1）	（2）	（3）
常数项	0.745 ** (0.396)	−2.221 (1.859)	−2.621 * (1.505)
F 值	68.90 ***	9.69 ***	106.05 ***

注：括号中的数字是标准误；*** 代表 $P < 0.01$，** 代表 $P < 0.05$，* 代表 $P < 0.1$。
资料来源：笔者计算。

表 7-3 是创新要素集聚对制造业结构优化的技术进步效应的回归结果，列（1）复制了表 7-2 中的估计结果，说明创新要素集聚确实有助于提升地区技术进步水平。列（2）和列（3）的估计结果显示，对制造业结构的合理化，创新要素集聚和技术进步的估计系数分别为 0.300 和 1.141，且均通过显著性检验；对制造业结构的高度化，创新要素集聚和技术进步的估计系数分别为 0.643 和 3.050，也均通过显著性检验。这表明创新要素集聚促进了技术进步，二者相互影响进一步提升了制造业结构的合理化水平和高度化水平，且估计系数小于基准回归模型表 7-1 中的估计系数，说明技术进步效应确实是创新要素集聚促进制造业结构优化的一条重要路径。

前文已经提到创新要素集聚使得研发规模和结构在很大程度上有所改进，创新要素向高附加值和高技术含量产业的集聚会催生出新的产业部门，新的产业部门由于研发资源配置的倾斜而获得快速成长，在这一过程中，传统制造业部门会因为创新要素配置相对较少而使产业发展受限，促使产业结构从传统产业和低端制造业向新兴产业、高端制造业方向转变。创新要素的不断集聚使区域内的相同产业始终保持一种激烈竞争的态势，促使企业不断加大研发投入力度，提高自身技术创新能力和整体竞争力。在要素集聚正外部性的影响下，知识和技术在集聚区内企业相互间的传播和积累速度加快，并通过知识溢出，降低单个企业开展技术创新活动的风险，激励企业不断提高技术创新能力，进而直接推动技术进步。

随着集聚区内要素的快速流动、成员间的相互学习以及技术扩散，产业链上其他相关企业会受益于溢出效应带来的影响，在这个过程中，区内创新人才不断汇集，为技术创新提供知识、技术和人力资源供给，人力资源的流动使创新更有效率。在创新人才的不断增加和技能溢价的影响下，制造业的产业结构也逐渐从劳动密集型产业向资本密集型产业和技术密集型产业优化升级。创新要素集聚提高了研发资金与研发人才数量、质量的匹配度，促进产业的技术进步并突破原有的生产技术边界，从而造成生产过程的技术形态效率提升和研发创新的优化，并逐步淘汰技术落后、生产效率低下和不适合社会需求的生产部门，促进产业间比例关系的协调以及产业链和技术链的匹配，加速了制造业各行业的动态变化，推动制造业结构的不断调整和优化。

创新要素集聚对制造业结构优化的消费需求效应的回归结果参见表7-4，列（1）复制了表7-2中的估计结果，说明创新要素集聚确实有助于拉动地区消费水平。列（2）和列（3）的估计结果显示，对产业结构合理化，创新要素集聚和消费需求的估计系数分别为0.216和0.824，且在1%水平上均通过了显著性检验；对产业结构高度化，创新要素集聚和消费需求的估计系数分别为0.528和1.533，也均通过显著性检验。这表明创新要素集聚促进了消费水平提升，二者相互影响进一步推动制造业结构的合理化和高度化发展，且估计系数小于基准回归模型表7-1中的估计系数，说明消费需求效应确实是创新要素集聚促进制造业结构优化的一条重要作用渠道。

表 7-4　　　　　　　　　消费需求的中介效应模型估计结果

变量	消费需求	产业结构合理化	产业结构高度化
	（1）	（2）	（3）
ln*QRDP*	0. 161 *** (0. 015)	0. 216 *** (0. 080)	0. 528 *** (0. 063)
ln*CON*		0. 824 *** (0. 234)	1. 533 *** (0. 186)
ln*PGDP*	0. 819 *** (0. 044)	- 0. 129 (0. 276)	- 1. 461 *** (0. 218)
FIN	- 0. 059 (0. 079)	- 0. 254 * (0. 148)	- 0. 205 * (0. 118)
OPEN	2. 633 ** (1. 152)	- 2. 457 (2. 165)	13. 669 *** (1. 715)
URB	0. 257 * (0. 154)	- 3. 602 *** (0. 704)	0. 062 (0. 557)
常数项	0. 019 (0. 022)	- 2. 061 (1. 802)	- 1. 692 (1. 427)
F 值	976. 19 ***	11. 34 ***	117. 60 ***

注：括号中的数字标准误；*** 代表 $P < 0.01$，** 代表 $P < 0.05$，* 代表 $P < 0.1$。
资料来源：笔者计算。

　　随着经济发展和居民收入水平提高，消费结构不断升级，从而提升制造业的结构优化水平。2018 年，中国城镇居民和农村居民的恩格尔系数分别为 27.7% 和 30.1%，对照传统的国际标准不难发现，中国的恩格尔系数属于相对富裕国家，对食品、衣着等生存性消费支出比例不断下降，而对教育、医疗保健、交通通信等发展性消费支出比例逐渐上升，消费形态也由物质型向服务型转变，居民消费的不断升级提质已成为推动制造业结构优化的重要力量。伴随着要素的流动，创新要素的地理集聚会从需求和供给两方面起作用从而使原有需求结构发生改变。特别是创新人员具备较高的消费能力和技术偏好，在满足基本生活需求的情况下，会不断增加对高科技含量、高附加值和绿色环保产品的需求，这促使新产品的开发或引发对原有产品的更新换代，推动了消费需求的提质升级，带动制造业从高能耗、高污染的传统发展模式向低碳、环保、节能的绿色生产方式转变，进而影响制造业的结构优化。需求作为经济增长的"三驾马车"之一，消费需求的升级能够通过"鲍莫尔效应"和"恩格尔效应"带动产业结构升级，有利于制造业结构合理化和高度化发展[206]。

创新要素集聚对制造业结构优化的就业结构效应的回归结果参见表7-5。列（1）复制了表7-2中的估计结果，说明创新要素集聚确实有助于提升地区就业水平，促进就业结构调整。列（2）和列（3）的估计结果显示，对产业结构合理化，创新要素集聚和就业结构的估计系数分别为0.155和0.521，且均通过显著性检验；对产业结构高度化，创新要素集聚和就业结构的估计系数分别为0.669和0.288，也均通过显著性检验。这表明创新要素集聚推动了地区就业水平提升并转变了就业结构，二者相互影响进一步促进制造业结构的合理化和高度化发展，且估计系数小于基准回归模型表7-1中的估计系数，说明就业结构效应确实是创新要素集聚促进制造业结构优化的一条重要作用渠道。

表7-5 就业结构的中介效应模型估计结果

变量	就业水平	产业结构合理化	产业结构高度化
	（1）	（2）	（3）
$\ln QRDP$	0.373 *** (0.038)	0.155 ** (0.078)	0.669 *** (0.067)
$\ln JY$		0.521 *** (0.095)	0.288 *** (0.083)

续表

变量	就业水平	产业结构合理化	产业结构高度化
	(1)	(2)	(3)
ln*PGDP*	1.469 ***	-0.220	-0.627 ***
	(0.105)	(0.238)	(0.207)
FIN	0.002	-0.221	-0.185
	(0.033)	(0.146)	(0.126)
OPEN	0.021	-3.813 *	12.944 ***
	(0.478)	(2.133)	(1.849)
URB	-3.003 ***	-1.824 **	1.321 **
	(0.373)	(0.743)	(0.644)
常数项	-16.574 ***	7.197 ***	4.224 **
	(0.954)	(2.361)	(2.047)
F 值	197.33 ***	14.70 ***	94.77 ***

注：括号中的数字标准误；*** 代表 $P < 0.01$，** 代表 $P < 0.05$，* 代表 $P < 0.1$。
资料来源：笔者计算。

创新要素集聚提高了创新产出效率，使得不同产业对劳动力的需求发生巨大变化。制造业作为资本密集型和技术密集型产业，其拥有较好的经济技术基础和技术创新机会，为劳动力的吸纳发挥重要作用。创新要素的空间集聚有益于规模效应的发挥，提高了工业企业的技术水平并降低企业成本，促进了劳动生产率的提升，较高的劳动生产率吸引更多劳动力流向制造业，增加了制造业的就业数量并促使劳动力在制造业各行业间优化配置。随着技术进步在制造业上下游产业间的延伸，制造业的产业链逐步完善，在产业关联效应的作用下劳动力在产业间的配置效率逐渐提高，从而推动制造业结构优化水平的提升。同时，高技术产业和新兴产业由于具有较高的劳动生产率，其产业扩张速度要快于其他部门，吸引了更多生产要素流向该行业，企业数量和利润的增加进一步提高了就业吸纳能力，促使就业结构不断调整，进而推动制造业结构的合理化和高度化发展。

接下来，就创新要素集聚影响制造业结构优化的间接效应并对间接影响的路径进行检验，即对技术进步、消费需求和就业结构的中介效应是否显著进行检验。

中介效应模型中，用于显著性检验的统计量为：

$$Z_i = \frac{a_i b_i}{S_{a_i b_i}} \qquad (7-11)$$

式中，$S_{a_i b_i} = \sqrt{a_i^2 S_{b_i}^2 + b_i^2 S_{a_i}^2}$；$a_i$ 是创新要素集聚对中介变量的回归系数，b_i 是中介变量对制造业结构优化的回归系数，S_{a_i}、S_{b_i} 分别为回归系数 a_i 和 b_i 估计的标准误差。

采用上述公式可以计算出技术进步对制造业结构合理化和高度化的中介效应分别为 0.049 和 0.131，相应的 Z 统计量分别为 2.042 和 4.852；消费需求对制造业结构合理化和高度化的中介效应分别为 0.133 和 0.247，相应的 Z 统计量分别为 3.437 和 6.694；就业结构对制造业结构合理化和高度化的中介效应分别为 0.194 和 0.107，相应的 Z 统计量分别为 4.732 和 3.242。因此，在 5% 的显著性水平下，技术进步的中介效应通过了显著性检验，消费需求的中介效应通过了显著性检验，就业结构的中介效应也通过了显著性检验，这说明创新要素集聚确实可以通过促进技术进步、增加社会需求和改善就业结构的作用渠道对制造业结构优化水平产生影响。

7.3.2 模型稳健性检验

为了检验实证得出的创新要素集聚影响制造业结构优化内在作用机制的估计结果是否具有稳健性，本书分别使用改变样本范围和增减变量这两种方法对前文中的回归估计结果进行稳健性检验。在改变样本范围时，以 2005～2016 年为研究对象进行回归分析；在增减变量时，通过去掉不同控制变量进行回归，以检验核心解释变量的估计系数的方向是否发生变化。以上回归估计结果显示，核心解释变量创新要素集聚的回归系数方向未发生明显变化，仅数值和显著性发生较小变动，这说明计量模型设定形式较为合理，模型的估计结果是稳健的。

7.4　本章小结

结合第 3 章的理论分析，在第 5 章和第 6 章实证检验创新要素集聚对制造业结构优化影响效应的基础上，本章继续深入探究了这一影响作用发挥的根源，即实证检验了创新要素集聚影响制造业结构优化的内在作用机制。本章的实证分析使用第 4 章测度得出的创新要素集聚、制造业结构合理化和高度化的相关数据，根据研究需要，适当引入了一些控制变量，通过构建中介效应模型，将创新要素集聚、技术进步、社会需求和就业结构与制造业结构优化统一纳入一个框架中，分别就创新要素集聚促进制造业结构优化的三条传导路径展开实证检验。研究结果表明：

（1）创新要素集聚能够促进技术进步，增加社会需求并改善就业结构，并且可以通过技术进步、社会需求和就业结构产生中介效应推动制造业结构的合理化和高度化发展。

（2）创新要素集聚通过影响知识溢出促进技术进步。创新要素的地理集聚使得研发规模和结构有了很大程度的提升和改进，提高了研发资金与研发人才的匹配度，促进了产业的技术进步，使其突破了原有的生产技术边界，提升生产过程的技术形态效率并优化研发创新，在挤出效应作用下加速了制造业的动态变化，促进产业链的自我完善，推动制造业结构的不断优化。

（3）创新要素集聚引发社会需求变化，尤其是促进居民消费需求的提质升级，有力地推动了制造业发展，进而促进了制造业的结构优化。伴随着创新要素的流动，创新要素集聚从需求侧和供给侧两方面共同影响社会需求，促使原有需求结构发生改变，消费形态也由物质型向服务型转变，引致新产品的开发或对原有产品的更新换代，推动消费结构不断升级，在需求收入弹性作用下促进制造业的结构优化。

（4）创新要素集聚提高了产业劳动效率，不同产业劳动效率差异引发劳动力在产业间转移和流动，推动劳动力资源在不同产业和行业之间实现优化配置，产生人力资本积累效应，改善了劳动力的供给数量和质量，提高了劳动力在制造业各行业间的就业匹配度，降低了摩擦失业人口。产业间劳动力流动速度的加快，促使地区就业结构不断调整和演进，进而推动制造业结构的合理化和高度化发展。

第8章 结论与政策建议

8.1 主要结论

本书的研究主题为创新要素集聚对制造业结构优化的影响及其内在作用机制。在对相关理论和重要文献进行梳理的基础上，系统地从理论层面和实证层面展开研究，这对中国统筹区域创新资源、制定创新发展政策、促进区域制造业结构优化、实现区域制造业竞争力提升和经济高质量发展具有重要理论和现实意义。主要研究结论归纳如下：

（1）理论层面的分析表明，创新要素集聚能够产生创新协同效应、知识溢出效应和要素共享效应，通过推动生产结构变更、改变产业生命周期和产业地位，影响产业关联等方面促进制造业结构的合理化和高度化发展。创新要素集聚通过资金集聚和人才集聚共同发挥作用影响制造业结构，资金集聚能够形成支持创新活动开展的"资金池"，在规模效应的作用下，创新"资金池"为新工艺、设备和技术的研发提供了充分的资金保障；人才集聚能够通过人力资本积累效应促进知识生产，推动技术进步。此外，创新要素集聚降低了要素交易成本和匹配成本，提高了要素配置效率，推进了区域和关联产业的协同创新，改进了产业间的技术效率水平，引起产业间技术进步差异，进而影响劳动生产率和产业结构。

（2）创新要素集聚的测度结果表明，2005～2017年，中国创新要素集聚的区域差异显著，资本创新要素和人力创新要素在区域间的分布都是东部地区最高、中部地区次之、西部地区最少。具体来看，创新要素空间分布极不均衡，资本创新要素以京津冀、长三角和珠三角地区为中心集聚，空间集聚态势更为明显；人力创新要素分布较为分散，2011年才逐渐开始向长三角和珠三角地区为中心的区域集聚。各省份的创新要素集聚程度差异较大，两极分化明显。北京、上海和天津的资本创新要素集聚指数和人力创新要素集聚指数分别居全国前三位；内蒙古、新疆和海南的资本创新要素集聚指数居全国后三位，贵州、新疆和海南的人力创新要素集聚指数居全国后三位。同样，创新要素在制造业各行业间的分布也不均衡，行业差异较大。细分行业中，计算机、通信和其他电子设备制造业，交通运输设备制造业，电气机械和器材制造业，通用设备制造业集聚了大部分资本创新要素和人力创新要素，在制造业行业中排在前四位。

（3）制造业结构优化的测度结果表明，中国制造业的结构优化水平总体呈上升态势，产业结构优化效果明显，制造业也逐步向高质量的发展方向转变。具体来看，2005～2017年，制造业结构的合理化水平总体呈上升趋势；制造业结构的高度化水平大致呈先降后升的"U"型变动趋势，其中，2005～2011年为下降阶段；从2012年开始转为上升。随着创新驱动战略的深入实施，制造业发展动能逐步转换，有力推动了高技术产业发展，知识密集型和技术密集型产业规模也持续扩大，由此对制造业高度化水平的提升较为明显。从地区差异来看，各省份之间的产业结构合理化水平和高度化水平差异显著，结构合理化水平和高度化水平在东部、中部和西部三大区域间也存在明显区域分异特点，总体表现为"东高西低"的分布格局。

（4）基于 2005～2017 年制造业省级面板数据，在加入经济发展水平、对外开放、金融发展水平等控制变量后，建立动态面板模型，采用 Sys-GMM 回归估计方法考察创新要素集聚对制造业结构优化的影响，从全国层面的回归估计结果来看，区域创新要素集聚对制造业结构的合理化和高度化水平均具有显著的正向影响。在对不同创新主体的分析中发现，企业、科研机构和高等院校的创新要素集聚均对制造业结构优化有积极作用，相比于企业和科研机构，高等院校创新要素集聚的促进作用更大，更有利于制造业的结构优化。进一步研究区域异质性时发现，东部地区的创新要素集聚对制造业结构的合理化发挥了积极影响，而对制造业结构高度化具有不利影响。中部地区的创新要素集聚对制造业结构优化产生了负向影响；西部地区的创新要素集聚不利于制造业结构合理化，而对制造业结构高度化具有明显促进作用。对此可能的解释是东部地区凭借区位优势和较高的对外开放程度吸引大量创新资源，推动了产业间协调发展，但区域创新资金的过度集中导致创新要素比例失调且配置不合理，不利于制造业结构高度化发展。中部地区创新要素分布不合理，与相关产业的关联和匹配不够，要素错配现象较为严重，影响了制造业产业结构优化进程。西部地区创新要素的累积效应和集聚的规模效应开始显现，有效推动了高技术产业和高附加值产业的发展；但由于市场机制不够健全，生产要素流动不畅，创新要素集聚对产业结构合理化进程产生抑制作用。

（5）运用空间计量分析方法构建空间计量模型研究创新要素集聚对制造业结构优化的空间溢出效应，实证结果表明这一空间溢出效应明显。中国各省份间制造业结构优化具有显著的空间正相关性，体现了明显的空间集聚和空间依赖特征。从空间效应来看，大多数省份位于"高—高"类型的第一象限和"低—低"类型的第三象限，形成了制造业结构优化的高值集聚区和低值集聚区，且随着时间推移，处在第一象限省份的数量不断增加。创新要素集聚对制造业结构合理化泰尔指数的直接效应显著为负，说明各地区自身的创新要素集聚对本地区的产业结构合理化具有促进作用；间接效应显著为负，说明相邻地区创新要素集聚会产生正向空间外部效应，有助于提高本地区的产业结构合理化水平。创新要素集聚对制造业结构高度化的直接效应和间接效应均显著为正，说明各地区自身以及相邻地区创新要素集聚是促进本地区产业结构高度化的重要手段。从创新主体来看，企业、高等院校和科研机构的创新要素集聚对制造业结构优化的空间溢出效应明显。从时间维度来看，2013年以后，创新要素分布不均衡的现象有所缓解，区域创新要素集聚能够提高制造业结构高度化的水平，溢出效应明显，而对合理化水平提升的溢出效应不显著。

（6）运用制造业省级面板数据，构建中介效应模型实证研究了创新要素集聚影响制造业结构优化的传导路径。结果显示，创新要素集聚产生的技术进步效应、社会需求效应以及就业效应是促进作用得以发挥的重要机制。具体来看，技术进步效应的发挥是因为创新要素集聚通过影响知识溢出促进技术进步，提升生产过程的技术形态效率并优化研发创新，突破了产业原有的生产技术边界，在挤出效应下加速了制造业动态变化，促进产业链的自我完善，推动制造业结构不断优化。社会需求效应的发挥是因为创新要素集聚引发社会需求改变，尤其是促进居民消费需求的提质升级，从需求侧和供给侧两个方面影响消费需求结构和消费形态，在需求收入弹性作用下有力地推动了制造业的结构优化。就业结构效应的发挥是因为创新要素集聚通过提高产业劳动效率促使劳动力在产业间发生转移和流动，优化了劳动力资源的配置，改善了劳动力的供给数量和质量并提高了劳动力在制造业行业间的就业匹配度；在人力资本积累效应和劳动力结构调整效应的影响下引发就业结构的调整和演变，促使产业结构优化发展。

8.2　政策建议

区域创新资金、人才等要素为制造业发展和结构优化提供了重要的创新资源，与此同时，高技术产业的迅速发展以及制造业细分行业间协调程度的提升又为创新资源集聚提供了优越的产业环境，二者之间的友好发展态势形成了一个正反馈系统，相互间能够彼此强化。根据本书的研究结论，为了有助于创新要素集聚和中介效应发挥以促进制造业结构优化，提出以下政策建议：

（1）完善创新要素流动机制，加强创新要素的吸引和培育。

创新要素集聚推动了区域创新活动的开展，是制造业结构优化的重要力量。因此，政府应以创新要素聚集为导向，扫除体制障碍，破除区域间的制度性壁垒，畅通要素流动，为创新要素集聚推动制造业发展提供广阔的空间。首先，要加快推进科技体制改革，完善激励机制，进一步简政放权，使创新要素在不同创新主体之间合理流动，促进科技成果向产业转化。其次，应积极改进资本市场建设，清理妨碍公平竞争的各种规定，建立与新动能和产业发展相符的动态机制，大幅放宽大数据、"互联网＋"等新兴产业领域的资本准入管制，促进创新资本等要素在地区间和产业间流动，为新知识、新技术的形成及其加速传播、扩散提供良好的稳态环境。最后，应深化户籍制度改革，放宽人才流动的限制，为人力创新要素在地区间的自由流动提供保障。各地政府要根据本地区制造业的发展特点，制定相应的创新人才流入优惠政策，通过户籍管理、社会保障、工资福利和职称评定等管理制度方面的相应优惠，鼓励与地区制造业发展要求相匹配的创新型人才流入。在此基础上，制定合理的人才培养政策，在吸引创新人才流入的同时，建立与地区产业发展相关联的人才培养计划，为促进创新人才集聚，有效发挥创新要素集聚效应建立良好基础。

（2）健全创新驱动发展政策，加快创新要素集聚步伐。

我国各地区的创新要素集聚水平差异较大，在空间上呈现"东高西低"的阶梯分布。一些地区的创新要素集聚水平已基本满足了制造业结构优化的要求，另外一些地区的创新要素集聚水平与制造业结构优化的要求则相距甚远而影响我国制造业整体结构优化的水平。因此，政府应加强对创新要素的宏观调控，积极出台相应的政策，引导创新要素向技术含量高的行业流动和集聚，使创新要素集聚的规模效应和成本效应得以有效发挥。政府要充分考虑不同区域的发展特点，抓住重点和薄弱制造行业，通过创新驱动相关的政策、法规引导创新要素流动，并从政策上加大对中西部地区创新资源投入的倾斜和照顾力度，提升创新要素集聚水平，减小地区间的研发投入差异，优化创新要素配置结构，以实现全社会的经济增长最大化。同时，各地要根据要素禀赋、制造业细分行业及经济发展的差异性，制定差别化的创新驱动发展政策，解决创新要素与产业发展融合度低的问题，疏散过度集聚产生的拥挤效应，推动地区制造业整体发展水平提升。北京、上海、天津等创新要素集聚较高的省份，在合理配置创新要素的基础上应重点做好创新要素的管理，更加关注创新要素利用效率和创新产出效率的提高，使创新要素集聚成为高端制造业发展的引擎，推动地区制造业向知识密集型和技术密集型转变。内蒙古、新疆、贵州等大部分西部地区创新要素集聚水平有待提高，要进一步增加创新投入，积极改善创新创业环境，吸引创新要素流入，尽可能引导创新要素向高技术、高附加值产业集聚，以满足地区制造业发展的需要。

（3）构建区域协同创新系统，提升创新要素利用效率。

区域协同创新系统是发挥创新乘数效应，推动创新驱动战略实施的重要保证。这一系统包含了企业、高等院校和科研机构等不同创新主体，有利于整合区域创新资源，能够通过建立公共技术服务平台、共建研发机构和研发基地、联合培养人才等方式共享创新资源，提高创新产出效率，形成高效的技术创新体系。实证结果显示，企业的创新要素集聚效应相对较小，未能有效发挥其创新主体的地位。因此，在区域协同创新系统的建设中，首先，要强化企业的核心和主导地位，鼓励、支持和引导企业广泛开展创新，尤其是高技术产业和战略性新兴产业领域，要通过贴息贷款、融资租赁、研发资助等方式加大研发资本投入力度，发展专项基金鼓励和支持高技术产业、战略性新兴产业的创投活动；鼓励国家工程研究中心、国家重点实验室等各类创新平台落户企业，为新产品研发和新技术创新创造有利条件。同时，需要改善融资环境，拓宽融资渠道，增强企业创新要素集聚对制造业结构优化的促进作用。应积极发展民营银行和外资金融机构，创新贷款模式，引入民间资本和各类投资基金，搭建企业研发投入相关的风投基金平台，推出适合中小企业需求的融资产品，切实解决企业融资成本高、融资难的问题。其次，要加强高校和科研机构对企业创新的支撑作用，建立以产业发展为主导，自主创新、自负盈亏的应用型科研机构，改变科研机构管理方式，解决应用型科研机构与企业衔接不畅的问题。在此基础上，通过优化产学研合作模式，建立创新战略联盟等方式为企业发展提供强有力的技术支撑。同时，以高校为平台优化人才培养模式，加强产学研的教育合作，使人才培养更加契合产业发展。通过建立与产业发展密切相关、创新能力增强、研发成果辈出的协同创新系统，充分发挥协同效应，实现各方合作共赢，促使制造业在发展中实现学科融合、产创融合和技术集成，最终实现制造业的结构优化和向全球价值链高端的跃迁。

（4）建立创新交流共享机制，促进区域制造业共生发展。

创新要素是地区发展最宝贵的资源，是提升国家及产业核心竞争力的关键。实证结果显示，创新要素集聚对制造业结构优化产生总的正向空间溢出效应。因此，需要打破地域限制，加强区域间和产业间合作共建创新体系，形成有效的创新交流共享机制，通过空间溢出效应迅速提升核心领域和产业的技术水平。京津冀、长三角和珠三角地区创新要素集聚态势明显，应该进一步吸引高端创新资源流入，积极参与世界产业创新联盟、全球创新网络和国际开放实验室等的建设，加强与发达国家的创新战略合作，利用资金、人才等方面优势对重点技术、核心技术展开攻关，实现优势产业和关键领域的技术突破，积极引领创新，大力发展高技术产业和先进制造业，并形成特色产业集聚。同时，努力做好技术外溢，积极与邻近地区合作交流，并向其进行创新辐射和扩散，减小知识和技术的空间溢出壁垒。其他地区应结合本地区发展实际，发挥比较优势吸引创新要素流入，提高创新要素集聚程度，努力消除区域合作障碍，做好技术创新的外溢与吸纳对接，挖掘自身的制造业发展空间，实现区域制造业的共生发展。

（5）多措并举发挥中介效应，提高制造业结构优化水平。

①转变思路，促使技术进步与产业发展相匹配。创新要素集聚在改变要素总量的同时也改善要素的配置结构，促进知识生产和溢出能力提升，技术进步最终是依靠要素投入和配置优化实现的。为了有效发挥技术进步的中介作用，首先，应转变技术创新思路，树立基于产业发展需求的技术创新理念，改变"以新为主"的技术投入导向，使技术进步与行业发展相适合，在市场需求的引导下开发技术，实现与行业发展匹配的技术进步，推动制造业结构优化。其次，政府应

"因产制宜""因时制宜"地提高对技术进步路径的宏观调控能力，根据制造业各行业不同的技术特性，引导技术进步朝着与行业要素禀赋结构相适合的方向发展，推行差异化的技术进步路径。高技术、高附加值制造业要通过创新要素集聚实现产业自主创新能力提升，使其成为技术创新的先导。同时，应加快推动关联产业创新要素地理空间的集中，使创新在产业链上不断延伸，实现创新链与产业链双向融合。低技术、低附加值制造业要以模仿创新为主，并尽可能提高模仿创新效率，利用产业要素禀赋推动其技术进步。遵循这种差异化的技术进步路径，制造业各行业在技术进步上会减少相互竞争，创新资源能够被高效利用，并在产业间形成良好的互动机制，推动制造业技术水平不断提升。

②加强内需培养，努力拉动社会需求。实证研究表明，消费需求是创新要素集聚影响制造业结构优化的重要作用渠道。为了增强创新要素集聚通过改变社会需求尤其是消费需求促进制造业结构合理化和高度化发展的积极作用，应进一步落实和完善收入分配政策，改善收入分配状况，努力提高居民边际消费倾向，通过再分配政策体现社会公平。经济学理论和实践告诉我们，收入差距过大会抑制经济持续增长和消费需求的提升。未来应充分发挥政府政策作用，通过公共财政转移支付制度和产业梯度转移来平衡区域间的经济发展，缩小收入差距，提升边际消费倾向，充分释放居民的需求意愿，促进消费水平提高。除此之外，还应不断改善金融环境，降低消费风险，大力优化消费环境，积极培育新的消费热点，推动消费需求不断升级。同时，还应通过产品创新和更新换代来激发居民消费意愿。理论上，消费离不开生产，企业应赋予"消费需求"更多新的内涵，提供在基本功能之外更具内涵的产品，积极拓宽和开发新的消费领域，推动消费结构升级。

③扩宽就业空间，增强就业吸纳能力。中国劳动力总量众多，农业部门的承载力有限，随着大量农村剩余劳动力的转移，制造业成为吸纳劳动就业的主要阵地。为了充分发挥就业的中介作用，提高就业吸纳能力，应加快制造业内部的结构调整和深度融合，妥善处理好传统产业与高技术产业之间，资本密集型产业与劳动密集型产业之间的关系。在努力发展高技术产业，提高其劳动生产率的同时，继续发展劳动密集型产业，使其充分吸纳劳动力。创新要素集聚有助于产业链的延伸，能够创造更多的就业机会，具有"就业带动效应"。中国制造业在生产和组装加工环节具有比较优势，吸收大量劳动力；相反，产业链两端的研发和售后服务环节发展滞后，对劳动力尤其是高素质劳动力的吸纳较少。因此，要充分利用创新要素的集聚效应提高制造业技术创新水平，发挥比较优势，积极拓宽和完善产业链，扩大制造业的劳动力就业空间。除此之外，应加快中西部地区的基础设施建设，依托中西部地区的要素禀赋和劳动力优势，承接和改造发达地区转移的劳动密集型产业，在做好产业梯度分布的同时实现就业分布的最优化。

8.3 研究展望

在创新要素集聚与制造业结构优化的研究中，笔者深感这一研究课题延展性很强且包含的内容丰富。尽管本书从理论层面和实证层面对创新要素集聚影响制造业结构优化的效应和作用机理已经做了较为系统的研究，但受个人学识的限制，以下几个方面需要在今后的研究中予以拓展和改进：

（1）有关指标的选择及测度方法和评价方法可以进一步拓展。

关于创新要素的构成、创新要素集聚的测度，现有研究还没有形成统一的标准。本书定义的创新要素及选用的测度指标，可能存在分析不够全面的问题，在此基础上对其集聚状况展开的评价也就难以准确反映客观现实。因此，就创新要素内涵的拓展，可以从创新链和创新系统的角度出发进一步挖掘，在选取具有代表性的核心要素之外，还需考虑政策、制度、文化等其他外部环境要素也是创新要素的重要内容，从多个方面对创新要素进行综合测度和评价，以期尽可能全面地反映问题。

（2）在研究制造业结构优化的影响因素时涉及控制变量的选取，本书在选取控制变量时主要参照已有文献的常规做法。现实中影响制造业结构和发展的因素很多，这可能会造成遗漏变量的问题，从而对研究结果的稳健性产生一定的影响。

（3）基于数据的可获取性和完整性，本书的研究重点仅从区域层面深入分析了创新要素集聚对制造业结构优化的影响，但未曾细化到产业层面或是企业层面。在后续的研究中，要借助大数据时代下的相关数据挖掘技术，争取进一步将研究主体细化到产业层面或企业层面，使研究更具针对性，并将创新驱动、产业生态化发展与制造业高质量发展联系起来。

（4）在研究创新要素集聚影响制造业结构优化的效应时，不同区域的集聚效应存在明显的异质性，有些区域出现负效应，由此判断创新要素集聚可能存在适宜性边界。后续研究中，将就有关集聚适宜性边界问题展开深入探讨。

参 考 文 献

[1] 叶连松. 新型工业化与制造业发展 [M]. 北京：中国经济出版社, 2009.

[2] 王春艳. 中国制造业的转型升级 [M]. 北京：人民出版社, 2018.

[3] 刘相锋. 环境与资源双重约束下的中国制造业产业结构优化研究 [D]. 沈阳：辽宁大学, 2016.

[4] 王欣亮, 刘飞. 创新要素空间配置促进产业结构升级路径研究 [J]. 经济体制改革, 2018 (6)：51 – 56.

[5] [美] Karen R. Polenske. 创新经济地理 [M]. 童昕, 王缉慈, 等译. 北京：高等教育出版社, 2009.

[6] 刘新艳, 陈圻. 创新要素对新兴产业的牵引分析 [J]. 科技进步与对策, 2011, 28 (24)：50 – 54.

[7] 朱苑秋, 谢富纪. 长三角大都市圈创新要素整合 [J]. 科学学与科学技术管理, 2007, 28 (1)：97 – 100.

[8] 欧庭高, 邓旭霞. 创新系统的要素与纽带 [J]. 系统科学学报, 2007 (3)：37 – 41.

[9] 万勇. 创新要素、空间格局与经济增长 [J]. 社会科学, 2014 (10)：47 – 55.

[10] LICHTENBERG F R, SIEGEL D. The Impact of R&D Invest-

ment on Productivity：New evidence Using Linked R&D-LRD Data ［J］. Economic Inquiry, 1991, 29 (2)：203 – 232.

［11］吕拉昌. 创新地理学 ［M］. 北京：科学出版社, 2017.

［12］JAMES S. Critical Surveys Edited By Stephen Roper Innovation and Space：A Critical Review of the Literature ［J］. Regional Studies, 2005, 39 (6)：789 – 804.

［13］SU Y S, CHEN J. Introduction to Regional Innovation Systems in East Asia ［J］. Technological Forecasting & Social Change, 2015, 100：80 – 82.

［14］赵陆. 浙江省创新资源集聚网络知识溢出机制研究 ［D］. 杭州：浙江大学, 2008.

［15］陈菲琼, 韩莹. 创新资源集聚的自组织机制研究 ［J］. 科学学研究, 2009, 27 (8)：1246 – 1254.

［16］张秀生, 王鹏. 经济发展新常态与产业结构优化 ［J］. 经济问题, 2015 (4)：46 – 49.

［17］YU Z. Trade, Market Size, and Industrial Structure：Revisiting the Home-market Effect ［J］. Canadian Journal of Economics/Revue Canadienne d'Economique, 2005, 38 (1)：255 – 272.

［18］苏东水. 产业经济学 (第四版) ［M］. 北京：高等教育出版社, 2010.

［19］何平, 陈丹丹, 贾喜越. 产业结构优化研究 ［J］. 统计研究, 2014, 31 (7)：31 – 37.

［20］钟章奇, 王铮. 创新扩散与全球产业结构优化——基于 Agent 模拟的研究 ［J］. 科学学研究, 2017 (4)：134 – 147.

［21］LAMHER A J D, BOONS F A. Eco-industrial Parks：Stimulating Sustainable Development in Mixed Industrial Parks ［J］. Technovation，2002，22（8）：471－484.

［22］丁绪辉．高技术产业集聚与区域技术创新效率研究［D］.兰州：兰州大学.2015.

［23］焦青霞．生产性服务业对产业结构优化影响的实证研究［D］.沈阳：辽宁大学.2016.

［24］干春晖，郑若谷，余典范．中国产业结构变迁对经济增长和波动的影响［J］.经济研究，2011（5）：4－16.

［25］［奥地利］约瑟夫·熊彼特．经济发展理论［M］.北京：商务印书馆，1991.

［26］施建生．伟大的经济学家熊彼特［M］.北京：中信出版社，2006.

［27］代明，殷仪金，戴谢尔．创新理论：1912—2012——纪念熊彼特《经济发展理论》首版100周年［J］.经济学动态，2012（4）：143－150.

［28］［英］阿尔弗雷德·马歇尔．经济学原理［M］.廉运杰，译.北京：华夏出版社，2013.

［29］［德］阿尔弗雷德·韦伯．工业区位论［M］.李刚剑，陈志人，张英保，译.北京：商务印书馆，2010.

［30］［美］胡佛．区域经济学导论［M］.王翼龙，译.北京：商务印书馆，1990.

［31］［美］迈克尔·波特．国家竞争优势［M］.李明轩，邱如美，译.北京：中信出版社，2012.

［32］［美］保罗·克鲁格曼．地理与贸易［M］.刘国军，译.北京：中国人民大学出版社，2017.

［33］KRUGMAN P. Increasing Returns and Economic Geography［J］. Journal of Political Economy，1991，99（3）：483－499.

［34］安虎森，等. 新经济地理学原理［M］. 北京：经济科学出版社，2009.

［35］［英］威廉·配第. 政治算术［M］. 马妍，译. 北京：中国社会科学出版社，2010.

［36］GIBBON P, BAIR J, PONTE S. Governing Global Value Chains：An Introduction［J］. Economy and Society, 2008, 37（3）：315 - 338.

［37］LANDES D. The Wealth and Poverty of Nations：Why Some Are So Rich and Some So Poor［J］. Perspectives in Biology & Medicine, 1999, 85（72）：296 - 298.

［38］CLARK C. The Conditions of Economic Progress［M］. London：Macmillan, 1940.

［39］［美］西蒙·库兹涅茨. 现代经济增长［M］. 戴睿，易诚，译. 北京：北京经济学院出版社，1989.

［40］BRIDA J G, SCHUBERT S F, WISTON A R. The Impacts of International Tourism Demand on Economic Growth of a Small Economy［J］. Revista Turismo & Desenvolvimento, 2010, 3（2）：927 - 928.

［41］SOLOW R M. A Contribution to the Theory of Economic Growth［J］. Quarterly Journal of Economics. 1956, 70（1）：65 - 94.

［42］HÄGERSTRAND T. Innovation Diffusion Ds a Space Process［M］. Chicago U. P. , 1953.

［43］王飞. 创新的空间扩散［M］. 北京：知识产权出版社，2008.

［44］曾菊新. 空间经济：系统与结构［M］. 武汉：武汉出版社，1996.

［45］MATTES J. Dimensions of Proximity and Knowledge Bases：Innovation Between Spatial and Non-spatial Factors [J]. Regional Studies, 2012, 46 (8): 1085 – 1099.

[46] SHEARMUR R. Are Cities the Font of Innovation? A Critical Review of The Literature on Cities and Innovation [J]. Cities, 2012, 29 (2): 9 – 18.

[47] BERNARDI C B, GUADALUPE S D. Innovation and R&D Spillover Effects in Spanish Regions: A Spatial Approach [J]. Research Policy, 2007, 36 (9): 1357 – 1371.

[48] TAPPEINER G, HAUSER C, WALDE J. Regional Knowledge Spillovers: Fact or Artifact? [J]. Research Policy, 2008, 37 (5): 861 – 874.

[49] COOKE P. Regional Innovation Systems: Competitive Regulation in the New Europe [J]. Geoforum, 1992, 23 (3): 365 – 382.

[50] COOKE P. Regionally Asymmetric Knowledge Capabilities and Open Innovation: Exploring Globalization——A New Model of Industry Organization [J]. Research Policy, 2005, 34 (8): 1128 – 1149.

[51] FRITSCH M, FRANKE G. Innovation, Regional Knowledge Spillovers and R&D Cooperation [J]. Research Policy, 2004, 33 (2): 245 – 255.

[52] 杨晨, 周海林. 创新要素向企业集聚的机理初探 [J]. 科技进步与对策, 2009 (17): 95 – 97.

[53] 陈菲琼, 任森. 创新资源集聚的主导因素研究: 以浙江为例 [J]. 科研管理, 2011, 32 (1): 89 – 96.

[54] 常爱华. 区域科技资源集聚能力研究 [D]. 天津: 天津大学, 2012.

[55] 池仁勇, 刘娟芳, 张宓之, 等. 创新要素集聚与区域创新

绩效研究——基于浙江中小企业的实证分析 [J]. 浙江工业大学学报 (社会科学版), 2014, 13 (2): 153 – 158.

[56] 冯南平, 周元元, 司家兰, 等. 我国区域创新要素集聚水平及发展重点分析 [J]. 华东经济管理, 2016, 30 (9): 80 – 87.

[57] HAGEDOORN J, CLOODT M. Measuring Innovative Performance: Is There an Advantage in Using Multiple Indicators? [J]. Research Policy, 2003, 32 (8): 1365 – 1379.

[58] FEENEY R. Development, Innovation and Natural Resources: the Latin-American Case [J]. Journal of Interdisciplinary Economics, 2009, 20 (2): 149 – 167.

[59] SHUM P, LIN G. A Resource-based View on Entrepreneurship and Innovation [J]. International Journal of Entrepreneurship and Innovation Management, 2010, 11 (3): 264 – 281.

[60] HERLIANA S. Regional Innovation Cluster For Small and Medium Enterprises (SME): A Triple Helix Concept [J]. Procedia-Social and Behavioral Sciences, 2015, 169: 151 – 160.

[61] 余泳泽. 创新要素集聚、政府支持与科技创新效率——基于省域数据的空间面板计量分析 [J]. 经济评论, 2011 (2): 94 – 102.

[62] 方远平, 谢蔓. 创新要素的空间分布及其对区域创新产出的影响——基于中国省域的 ESDA-GWR 分析 [J]. 经济地理, 2012, 32 (9): 8 – 14.

[63] 周学政. 区域创新要素聚集的理论基础及政策选择 [J]. 科学管理研究, 2013, 31 (2): 43 – 46.

[64] 连蕾, 卢山冰. 科技资源区域集聚效应与创新效率研究 [J]. 科学管理研究, 2015, 33 (2): 40 – 43.

[65] 邹文杰. 研发要素集聚、投入强度与研发效率——基于空间异质性的视角 [J]. 科学学研究, 2015, 33 (3): 390 - 397.

[66] 卓乘风, 艾麦提江·阿布都哈力克, 白洋, 等. 创新要素集聚对区域创新绩效的非线性边际效应演化分析 [J]. 统计与信息论坛, 2017, 32 (10): 84 - 90.

[67] 陈强, 颜婷, 刘笑. 科技创新人力资源集聚对区域创新能力的影响 [J]. 同济大学学报 (自然科学版), 2017, 45 (11): 150 - 158.

[68] CAINELLI G. Spatial Agglomeration, Technological Innovations, and Firm Productivity: Evidence From Italian Industrial Districts [J]. Growth and Change, 2008, 39 (3): 414 - 435.

[69] KELLER W, YEAPLE S R. Multinational Enterprises, International Trade and Productivity Growth: Firm-level Evidence From the United States [J]. Review of Economic Studies, 2009, 91 (4): 821 - 831.

[70] 高丽娜, 蒋伏心. 创新要素集聚与扩散的经济增长效应分析——以江苏宁镇扬地区为例 [J]. 南京社会科学, 2011 (10): 30 - 36.

[71] 黄晖, 金凤君. 技术要素集聚对我国区域经济增长差异的影响 [J]. 经济地理, 2011, 31 (8): 1341 - 1344.

[72] 陈得文. 要素集聚与区域经济增长效应研究 [D]. 南京: 南京航空航天大学, 2012.

[73] 刘和东. 国内市场规模与创新要素集聚的虹吸效应研究 [J]. 科学学与科学技术管理, 2013 (7): 106 - 114.

[74] 赖一飞, 覃冰洁, 雷慧, 等. "中三角" 区域省份创新要素集聚与经济增长的关系研究 [J]. 科技进步与对策, 2016, 33

（23）：32 – 39.

　　［75］张月玲，吴涵，叶阿忠. 要素集聚及外溢对中国经济发展
效率的影响［J］. 软科学，2016，30（7）：24 – 29.

　　［76］白俊红，王钺，蒋伏心，等. 研发要素流动、空间知识溢
出与经济增长［J］. 经济研究，2017（7）：111 – 125.

　　［77］张斯琴，张璞. 创新要素集聚、公共支出对城市生产率的
影响——基于京津冀蒙空间面板的实证研究［J］. 华东经济管理，2017，
31（11）：65 – 70.

　　［78］周璇，陶长琪. 要素空间集聚、制度质量对全要素生产率
的影响研究［J］. 系统工程理论与实践，2019，39（4）：1051 – 1066.

　　［79］SCHROEDER R G，BATES K A，JUNTTILA M A. A Re-
source-based View of Manufacturing Strategy and the Relationship to Manu-
facturing Performance［J］. Strategic Management Journal，2002，23
（2）：105 – 117.

　　［80］GHANI E，GOSWAMI A G，KERR W R. Highway to Suc-
cess：The Impact of the Golden Quadrilateral Project for the Location and
Performance of Indian Manufacturing［J］. The Economic Journal，2016，
126（591）：317 – 357.

　　［81］FUJII H，IWATA K，KANEKO S，et al. Corporate Environ-
mental and Economic Performance of Japanese Manufacturing Firms：Em-
pirical Study for Sustainable Development［J］. Business Strategy & the
Environment，2013，22（3）：187 – 201.

　　［82］ROBINSON K C，MCDOUGALL P P. The Impact of Alterna-
tive Operationalizations of Industry Structural Elements on Measures of Per-
formance for Entrepreneurial Manufacturing Ventures［J］. Strategic Man-
agement Journal，1998，19（11）：1079 – 1100.

[83] DISNEY R, HASKEL J, HEDEN Y. Restructuring and Productivity Growth in UK Manufacturing [J]. Economic Journal, 2003, 113 (489): 666 – 694.

[84] GARCIA CALVO A. Industrial Upgrading in Mixed Market Economies: The Spanish Case [J]. Social Science Electronic Publishing, 2014, 73 (3): 1 – 44.

[85] FANKHANSER S, BOWEN A, CALEL R, et al. Who Will Win the Green Race? In Search of Environmental Competitiveness and Innovation [J]. Global Environmental Change, 2013, 23 (5): 902 – 913.

[86] WOO C, CHUNG Y, CHUN D, et al. Impact of Green Innovation on Labor Productivity and Its Determinants: An Analysis of The Korean Manufacturing Industry [J]. Business Strategy & the Environment, 2014, 23 (8): 567 – 576.

[87] HARAGUCHI N, CHENG C F C, SMEETS E. The Importance of Manufacturing in Economic Development: Has this Changed? [J]. World Development, 2017, 93: 293 – 315.

[88] 蔡昉, 王德文, 曲玥. 中国产业升级的大国雁阵模型分析 [J]. 经济研究, 2009 (9): 4 – 14.

[89] 曲玥. 制造业产业结构变迁的路径分析——基于劳动力成本优势和全要素生产率的测算 [J]. 世界经济文汇, 2010 (6): 66 – 78.

[90] 齐志强, 张干, 齐建国. 进入 WTO 前后中国制造业部门结构演变研究——基于制造业部门与工业整体经济增长的灰色关联度分析 [J]. 数量经济技术经济研究, 2011 (2): 52 – 63.

[91] 王炜, 孙蚌珠. 中国制造业的结构变动分析——基于

2002—2010 年 的 数 据 [J]. 北 京 邮 电 大 学 学 报 （ 社 会 科 学 版 ），
2014, 16 （2）: 69 – 75.

[92] 郭新宝. 我国制造业转型升级的目标和路径 [J]. 中国特
色社会主义研究, 2014 （3）: 33 – 37.

[93] 傅元海, 叶祥松, 王展祥. 制造业结构变迁与经济增长效
率提高 [J]. 经济研究, 2016 （8）: 86 – 100.

[94] 隆国强. 全球化背景下的产业升级新战略——基于全球生
产价值链的分析 [J]. 国际贸易, 2007 （7）: 27 – 34.

[95] 陈羽, 邝国良. "产业升级" 的理论内核及研究思路述评
[J]. 改革, 2009 （10）: 85 – 89.

[96] 朱卫平, 陈林. 产业升级的内涵与模式研究——以广东产
业升级为例 [J]. 经济学家, 2011 （2）: 60 – 66.

[97] 潘冬青, 尹忠明. 对开放条件下产业升级内涵的再认识
[J]. 管理世界, 2013 （5）: 178 – 179.

[98] 刘川. 基于全球价值链的区域制造业升级评价研究: 机
制、能力与绩效 [J]. 当代财经, 2015 （5）: 97 – 105.

[99] 张素心, 张丽虹, 李磊. 制造业转型发展的思考 [J]. 宏
观经济管理, 2015 （2）: 76 – 78.

[100] 魏龙, 王磊. 全球价值链体系下中国制造业转型升级分
析 [J]. 数量经济技术经济研究, 2017 （6）: 72 – 87.

[101] 任碧云, 贾贺敬. 基于内涵重构的中国制造业产业升级
测度及因子分析 [J]. 经济问题探索, 2019 （4）: 141 – 148.

[102] MALERBA F. Innovation and the Dynamics and Evolution of
Industries: Progress and Challenges [J]. International Journal of Indus-
trial Organization. 2007, 25 （4）: 675 – 699.

[103] BITZER J, Görg H. Foreign Direct Investment, Competition

and Industry Performance [J]. World Economy, 2009, 32 (2): 221 – 233.

[104] JOSHUA D. Industrial Structure and the Sources of Agglomeration Economies: Evidence From Manufacturing Plant Production [J]. Growth & Change, 2013, 44 (1): 54 – 91.

[105] MCMILLAN M, RODRIK D, VERDUZCO-GALLO, et al. Globalization, Structural Change, and Productivity Growth, with an Update on Africa [J]. World Development, 2014, 63: 11 – 32.

[106] 林毅夫. 经济发展与转型: 思潮、战略与自生能力 [M]. 北京: 北京大学出版社, 2008.

[107] 赖俊平, 张涛, 罗长远. 动态干中学、产业升级与产业结构演进——韩国经验及对中国的启示 [J]. 产业经济研究, 2011 (3): 1 – 9.

[108] 王春丽, 宋连方. 金融发展影响产业结构优化的实证研究 [J]. 财经问题研究, 2011 (6): 53 – 58.

[109] 杨家伟, 乔家君. 河南省产业结构演进与机理探究 [J]. 经济地理, 2013, 33 (9): 93 – 100.

[110] 高远东, 张卫国, 阳琴. 中国产业结构高级化的影响因素研究 [J]. 经济地理, 2015, 35 (6): 96 – 101.

[111] 任爱华, 郭净. 我国不同时期财政政策的产业结构优化效应 [J]. 财政研究, 2017 (11): 19 – 33.

[112] 张宗斌, 郝静. 基于 FDI 视角的中国制造业结构升级研究 [J]. 山东社会科学, 2011 (5): 151 – 155.

[113] 马珩, 李东. 长三角制造业高级化测度及其影响因素分析 [J] 科学学研究, 2012 (10): 1509 – 1517.

[114] 殷德生. 市场开放促进了产业升级吗? ——理论及来自

中国制造业的证据 [J]. 世界经济文汇, 2012 (1): 17-32.

[115] 阳立高, 谢锐, 贺正楚. 劳动力成本上升对制造业结构升级的影响研究——基于中国制造业细分行业数据的实证分析 [J]. 中国软科学, 2014 (12): 136-147.

[116] 李新功. 人民币升值与我国制造业升级实证研究 [J]. 中国软科学, 2017 (5): 38-46.

[117] 韩振国, 杨盈颖. 财政支出对制造业结构优化的影响效应 [J]. 首都经济贸易大学学报, 2018, 20 (5): 69-77.

[118] 林秀梅, 关帅. 环境规制对中国制造业升级的非线性影响——基于面板平滑迁移模型的经验分析 [J]. 西安交通大学学报: 社会科学版, 2019 (4): 1-8.

[119] 李磊, 刘常青, 徐长生. 劳动力技能提升对中国制造业升级的影响: 结构升级还是创新升级? [J]. 经济科学, 2019 (4): 57-68.

[120] 潘秋晨. 全球价值链嵌入对中国装备制造业转型升级的影响研究 [J]. 世界经济研究, 2019 (9): 78-96.

[121] 陈勇, 李小平. 中国工业行业的技术进步与工业经济转型——对工业行业技术进步的 DEA 法衡量及转型特征分析 [J]. 管理世界, 2007 (6): 56-63.

[122] 张松林, 武鹏. 全球价值链的"空间逻辑"及其区域政策含义——基于制造组装环节与品牌营销环节空间分离的视角 [J]. 中国工业经济, 2012 (7): 109-121.

[123] 傅元海, 叶祥松, 王展祥. 制造业结构优化的技术进步路径选择——基于动态面板的经验分析 [J]. 中国工业经济, 2014 (9): 78-90.

[124] 蒋兴明. 产业转型升级内涵路径研究 [J]. 经济问题探

索，2014（12）：43-49.

[125] 曾繁华，杨馥华，侯晓东. 创新驱动制造业转型升级演化路径研究——基于全球价值链治理视角 [J]. 贵州社会科学，2016（11）：113-120.

[126] 贾妮莎，申晨. 中国对外直接投资的制造业产业升级效应研究 [J]. 国际贸易问题，2016（8）：143-153.

[127] 顾江，李苏南. 文化产业视角下我国制造业升级的新路径 [J]. 江海学刊，2017（5）：71-77.

[128] 纪峰. 供给侧结构性改革视角下传统制造业现状与转型对策研究 [J]. 经济体制改革，2017（3）：198-202.

[129] 任一鑫，李跃，刘丽莹，等. 产业蜕变视角下产业转型模式选择方法研究——以制造业为例 [J]. 山东财经大学学报，2018（1）：17-26.

[130] 王燕飞. 国家价值链视角下中国产业竞争力的测度与分析 [J]. 数量经济技术经济研究，2018，35（8）：22-39.

[131] FREEMAN C, SOETE L. The Economics of Industrial Innovation [M]. Cambridge, MA：MIT Press, 1997.

[132] ANTONELLI C. Localized Technological Change and Factor Markets：Constraints and Inducements to Innovation [J]. Structural Change and Economic Dynamics, 2006, 17（2）：224-247.

[133] HALL B H, LOTTI F, MAIRESSE J. Employment, Innovation, and Productivity：Evidence from Italian Microdata [J]. Industrial and Corporate Change, 2008, 17（4）：813-839.

[134] BRONZINI R, PISELLI P. Determinants of Long-run Regional Productivity with Geographical Spillovers：The Role of R&D, Human Capital and Public Infrastructure [J]. Regional Science & Urban Eco-

nomics, 2009, 39 (2): 187 – 199.

［135］HIGON D A, ANTOLIN M M, MAÑEZ J A. Multinationals, R&D and Productivity: Evidence for UK Manufacturing Firms ［J］. Industrial and Corporate Change, 2010, 20 (2): 641 –659.

［136］HUERGO E, MORENO L. Does History Matter for the Relationship Between R&D, Innovation, and Productivity? ［J］. Mpra Paper, 2010, 20 (5): 1335 –1368.

［137］CRESPI G, ZUNIGA P. Innovation and Productivity: Evidence from Six Latin American Countries ［J］. World Development, 2012, 40 (2): 273 –290.

［138］RUSSU C. Structural Changes Produced in the Romanian Manufacturing Industry in the Last Two Decades ［J］. Procedia Economics and Finance, 2015, 22: 323 –332.

［139］LEE D. Role of R&D in the Productivity Growth of Korean Industries: Technology Gap and Business Cycle ［J］. Journal of Asian Economics, 2016, 45: 31 –45.

［140］NESTOR DUCH-BROWN, PANIZZA A D, ROHMAN I K. Innovation and Productivity in a Acience-and-technology Intensive Sector: Information Industries in Spain ［J］. Science and Public Policy, 2018, 45 (2): 175 –190.

［141］龚轶, 顾高翔, 刘昌新. 技术创新推动下的中国产业结构进化 ［J］. 科学学研究, 2013 (8): 1252 –1259.

［142］吴福象, 沈浩平. 新型城镇化、创新要素空间集聚与城市群产业发展 ［J］. 中南财经政法大学学报, 2013, (4): 36 –43.

［143］冯南平, 高登榜, 杨善林. 承接产业过程中创新要素集聚的区域引导策略 ［J］. 合肥工业大学学报（社会科学版）, 2013,

27（1）：7-12.

[144] 焦勇．生产要素地理集聚会影响产业结构变迁吗 [J]．统计研究，2015（8）：56-63.

[145] 张银银，黄彬．创新驱动产业结构升级的路径研究 [J]．经济问题探索，2015（3）：107-112.

[146] 林春艳，孔凡超．技术创新、模仿创新及技术引进与产业结构转型升级——基于动态空间 Durbin 模型的研究 [J]．宏观经济研究，2016（5）：106-118.

[147] 徐珊，刘笃池，梁彤缨．大企业创新投入驱动区域产业升级效应研究 [J]．科学学与科学技术管理，2016，37（10）：38-48.

[148] 陶长琪，周璇．要素集聚下技术创新与产业结构优化升级的非线性和溢出效应研究 [J]．当代财经，2016（1）：83-94.

[149] 曹雄飞，霍萍，余玲玲．高科技人才集聚与高技术产业集聚互动关系研究 [J]．科学学研究，2017（11）：1631-1638.

[150] 刘峥．科技创新区域集聚对新兴产业作用机制研究 [J]．科学管理研究，2017，35（3）：67-70.

[151] 蔡玉蓉，汪慧玲．创新投入对产业结构升级的影响机制研究——基于分位数回归的分析 [J]．经济问题探索，2018（1）：138-146.

[152] 李庭辉，董浩．基于 LSTAR 模型的技术创新与产业结构关系实证研究 [J]．中国软科学，2018，330（6）：156-167.

[153] 张营营，高煜．创新要素流动能否促进地区制造业结构优化——理论解析与实证检验 [J]．现代财经（天津财经大学学报），2019，39（6）：100-115.

[154] 刘国炳，周桂凤，甘荣俊．新时代我国创新要素集聚环

境变化与东部产业转型发展 [J]. 经济论坛, 2019 (7): 81 - 87.

[155] 刘小鲁. 我国创新能力积累的主要途径: R&D, 技术引进, 还是 FDI? [J]. 经济评论, 2011 (3): 88 - 96.

[156] 安虎森, 何文. 区域差距内生机制与区域协调发展总体思路 [J]. 探索与争鸣, 2012 (7): 47 - 50.

[157] 刘川. 基于全球价值链的区域制造业升级评价研究: 机制、能力与绩效 [J]. 当代财经, 2015 (5): 97 - 105.

[158] 刘玉飞, 彭冬冬. 人口老龄化会阻碍产业结构升级吗——基于中国省级面板数据的空间计量研究 [J]. 山西财经大学学报, 2016 (3): 12 - 21.

[159] 齐亚伟. 环境约束下要素集聚与区域经济可持续发展——基于区域创新能了的视角 [D]. 南昌: 江西财经大学, 2012.

[160] TOEPFER S, CANTNER U, GRAF H. Structural Dynamics of Innovation Networks in German Leading-edge Clusters [J]. The Journal of Technology Transfer, 2017 (3): 1 - 24.

[161] ROMER P. Endogenous Technological Change [J]. Journal of Political Economy, 1990, 98 (5): 71 - 102.

[162] KOGUT A B. Localization of Knowledge and the Mobility of Engineers in Regional Networks [J]. Management Science, 1999, 45 (7): 905 - 917.

[163] 邱国栋, 李作奎. 创新集聚效率实证研究 [J]. 财经问题研究, 2013 (2): 104 - 110.

[164] 毕先萍. 劳动力流动对中国地区经济增长的影响研究 [J]. 经济评论, 2009 (1): 48 - 53.

[165] 罗润东. 当代技术进步对劳动力就业的影响 [J]. 经济社会体制比较, 2006 (4): 64 - 70.

［166］王庆丰.中国产业结构与就业结构协调发展研究［D］.南京：南京航空航天大学，2010.

［167］李培楠，赵兰香，万劲波.创新要素对产业创新绩效的影响——基于中国制造业和高技术产业数据的实证分析［J］.科学学研究，2014，32（4）：604－612.

［168］王斌，谭清美.要素投入能推动高技术产业创新成果的转化吗［J］.科学学研究，2015（6）：52－60.

［169］肖国东.我国制造业技术创新要素空间分布结构性矛盾及对策［J］.经济纵横，2017（3）：96－101.

［170］HENDERSON J V. Will Homeowners Impose Property Taxes？［J］. Regional Science and Urban Economics，1995，25（2）：153－181.

［171］余泳泽，刘大勇.创新要素集聚与科技创新的空间外溢效应［J］.科研管理，2013，34（1）：46－54.

［172］李珊珊，罗良文.FDI、吸收能力与制造业产业结构优化：以湖北省为例［J］.统计与决策，2012（11）：139－144.

［173］傅元海，王晓彤.模仿效应、竞争效应影响制造业结构优化研究［J］.审计与经济研究，2018（4）：109－119.

［174］冯春晓.我国对外直接投资与产业结构优化的实证研究——以制造业为例［J］.国际贸易问题，2009（8）：97－104.

［175］赵晓霞.我国制造业结构优化了吗？——基于对167个细分产业的考察［J］.会计与经济研究，2013，27（1）：85－90.

［176］金碚，吕铁，李晓华.关于产业结构调整几个问题的探讨［J］.经济学动态，2010（8）：14－20.

［177］金碚，吕铁，邓洲.中国工业结构转型升级：进展、问题与趋势［J］.中国工业经济，2011（2）：5－15.

［178］贺丹，田立新．基于低碳经济转型的产业结构优化水平实证研究［J］．北京理工大学学报（社会科学版），2015（3）：37 – 45．

［179］杨丽君，邵军．中国区域产业结构优化的再估算［J］．数量经济技术经济研究，2018，35（10）：60 – 78．

［180］田新民，韩端．产业结构效应的度量与实证——以北京为案例的比较分析［J］．经济学动态，2012（9）：74 – 82．

［181］王林梅，邓玲．我国产业结构优化升级的实证研究——以长江经济带为例［J］．经济问题，2015（5）：45 – 49．

［182］李新功．区域金融改善与产业结构优化［J］．科学学研究，2016（6）：833 – 840．

［183］张阳，姜学民．人力资本对产业结构优化升级的影响——基于空间面板数据模型的研究［J］．财经问题研究，2016（2）：106 – 113．

［184］付宏，毛蕴诗，宋来胜．创新对产业结构高级化影响的实证研究——基于2000—2011年的省际面板数据［J］．中国工业经济，2013（9）：56 – 68．

［185］赵勇，魏后凯．政府干预、城市群空间功能分工与地区差距［J］．管理世界，2015（8）：14 – 30．

［186］赵永平，徐盈之．新型城镇化、技术进步与产业结构升级［J］．大连理工大学学报（社会科学版），2016，37（2）：56 – 64．

［187］ARELLANO M，BOVER O. Another Look at the Instrumental Variable Estimtion of Error Components Models［J］. CEP Discussion Papers，1990，68（1），29 – 51．

［188］陈强．高级计量经济学及应用（第二版）［M］．北京：

高等教育出版社，2014.

［189］BLUNDEL R，BOND B. Initial Conditions and Moments Restrictions in Dynamic Panel Data Models ［J］. Journal of Econometrics，1998，87（1）：115 – 143.

［190］张浩，孟宪忠. 不同机构类型的 R&D 效率 DEA 评价与比较 ［J］. 科学学与科学技术管理，2005，26（12）：78 – 82.

［191］焦翠红. 我国 R&D 资源配置与全要素生产率提升研究 ［D］. 长春：吉林大学，2017.

［192］严成樑，龚六堂. R&D 规模、R&D 结构与经济增长 ［J］. 南开经济研究，2013（2）：3 – 19.

［193］李梅，柳士昌. 对外直接投资逆向技术溢出的地区差异和门槛效应——基于中国省际面板数据的门槛回归分析 ［J］. 管理世界，2012（1）：21 – 66.

［194］王春杨，吴国誉. 研发资源配置、溢出效应与中国省域创新空间格局 ［J］. 研究与发展管理，2018，30（1）：106 – 114.

［195］FELDMAN M P，AUDRETSCH D B. Innovation in Cities：Science-based Diversity，Specialization and Localized Competition ［J］. European Economic Review，1999，43（2）：409 – 429.

［196］陶长琪，彭永樟. 经济集聚下技术创新强度对产业结构升级的空间效应分析 ［J］. 产业经济研究，2017（3）：95 – 107.

［197］李新忠，汪同三. 空间计量经济学的理论与实践 ［M］. 北京：社会科学文献出版社，2015.

［198］沈体雁，冯等田，孙铁山. 空间计量经济学 ［M］. 北京：北京大学出版社，2010.

［199］MORAN P. Notes on Continuous Stochastic Phenomena ［J］. Biometrika，1950，37（1）：17 – 23.

［200］肖光恩，等．空间计量经济学［M］．北京：中国人民大学出版社，2015．

［201］潘宇瑶．自主创新对产业结构高级化的驱动作用研究［D］．长春：吉林大学，2016．

［202］张翠菊，张宗益．中国省域产业结构升级影响因素的空间计量分析［J］．统计研究，2015，32（10）：32－37．

［203］［美］詹姆斯·勒沙杰，［美］R. 凯利·佩斯．空间计量经济学导论［M］．肖光恩，等译．北京：北京大学出版社，2013．

［204］［荷］J. 保罗·埃尔霍斯特．空间计量经济学：从截面数据到空间数据［M］．肖光恩，译．北京：北京大学出版社，2015．

［205］侯杰泰，温忠麟，成子娟．结构方程模型及其应用［M］．北京：教育科学出版社，2004．

［206］杨天宇，陈明玉．消费升级对产业迈向中高端的带动作用：理论逻辑和经验证据［J］．经济学家，2018（11）：48－54．

后　记

　　本书是我在博士期间研究成果的综合，是在博士论文的基础上转化而来的。回首博士期间的一幕幕场景，思绪万千。跨越一道道障碍，完成一个个难题，犹如登山般艰难地向前攀行，日积月累，终于等到春暖花开。其间，酸甜苦辣，各种滋味萦绕心头。幸好，亲爱的师长、同学、同事和家人的爱温暖了我的内心，治愈了我的伤痛，带我走出困境，迎来了阳光明媚。

　　我最需要感谢的是导师汪惠玲教授，以及同学、同事的支持和鼓励，没有他们，这本书无法完成。同时，我也要感谢所有在完成本书过程中给予过帮助的人，对他们表示诚挚的感谢。

　　在写作过程中，也参考了很多国内外知名学者的著作，这些著作为编写本书提供了广阔的思路。在此，也对他们表示衷心的感谢。

　　此外，要特别感谢重庆电子工程职业学院的领导和同事，你们给予了我诸多帮助和支持，才使得本书能够顺利编著完成并出版！同时，还要感谢经济科学出版社的各位编辑老师为本书的出版所做的辛勤工作！

　　最后，我希望这本书能够帮助读者更好地了解中国制造业结构优化问题及创新与产业发展的关系。